WHAT IS FAITH? with Study Helps
by R. C. Sproul, C. H. Spurgeon and Jonathan Edwards
Compiled by Word of Life Press

WHAT IS FAITH? by R. C. Sproul,
Copyright ⓒ 2010 by Reformation Trust Publishing
a division of Ligonier Ministries

Faith : What is it? How can it be obtained?(sermon July 17, 1881)
from Metropolitan Terbernacle Pulpit
by C. H. Spurgeon

"Concerning Faith"
from The Works of Jonathan Edwards Vol 7
by Jonathan Edwards

Korean edition Copyright ⓒ 2017 by Word of Life Press
Translated by permission.
All rights reserved.
Printed in Korea.

믿음, 자신 있게 대답하라

ⓒ 생명의말씀사 2017

2017년 1월 25일 1판 1쇄 발행
2024년 7월 24일   3쇄 발행

펴낸이 | 김창영
펴낸곳 | 생명의말씀사

등록 | 1962. 1. 10. No.300-1962-1
주소 | 서울시 종로구 경희궁1길 6 (03176)
전화 | 02)738-6555(본사) · 02)3159-7979(영업)
팩스 | 02)739-3824(본사) · 080-022-8585(영업)

기획편집 | 박미현, 유영란
디자인 | 김혜진
인쇄 | 주손디앤피
제본 | 주손디앤피

ISBN 978-89-04-16541-4 (03230)

저작권자의 허락없이 이 책의 일부 또는 전체를
무단 복제, 전재, 발췌하면 저작권법에 의해 처벌을 받습니다.

WHAT IS FAITH?

믿음, 자신있게 대답하라

찰스 스펄전, R. C. 스프로울, 조나단 에드워즈 지음

CONTENTS

PART 1 / 찰스 스펄전의 설교
믿음의 기본을 대답하라

1. 믿음이 먼저인가, 은혜가 먼저인가? | 8

2. 믿음이란 무엇인가? | 12
   - 믿음의 세 가지 요소: 지식, 동의, 신뢰
   - 누구를 믿고, 무엇을 믿는가?
   - 세 가지 믿음에 대한 예화
   - 권위와 사랑에 근거한 믿음
   - 어린아이 같은 믿음
   - 더는 증거가 필요 없는 믿음

3. 왜 믿음이 구원의 수단인가? | 32
   - 믿음, 구원을 받아들이는 손
   - 하나님과 연결된 줄
   - 믿음은 배터리

4. 어떻게 믿음을 얻을 수 있는가? | 38
   - 구하고, 들으라
   - 누구의 명령인가?
   - 믿음에 대해 생각하라

PART 2 / R. C. 스프로울의 정리
믿음을 정확히 대답하라

1. 왜 믿음은 맹신이 아닌가? | 48
   - 믿음은 바라는 것과 다르다
   - 믿음은 맹신과 다르다
   - 믿음과 이성은 반대되지 않는다
   - 하나님을 알기에 하나님을 신뢰한다

2   믿음으로 사는 것은 무엇인가? | 64

아벨의 믿음: 진정한 예배
에녹의 믿음: 하나님을 기쁘시게
노아의 믿음: 그리스도 때문에 어리석은 자
아브라함의 믿음 1: 순종
믿음 안에서 죽은 사람들
아브라함의 믿음 2: 부활의 능력을 믿음
아브라함의 후손들: 믿음의 유산
모세의 부모: 하나님의 섭리를 믿음
모세의 믿음: 상 주심을 바라봄
믿음의 싸움을 싸우라

3   무엇이 구원을 얻는 믿음인가? | 88

거듭남이 먼저인가, 믿음이 먼저인가
하나님께서 허락하시는 가장 큰 선물

4   어떻게 믿음은 강화되는가? | 98

믿음은 들음에서 시작된다
믿음을 강화시키는 은혜의 수단
스스로 믿을 수 없는데 말씀을 왜 들어야 하나?

『웨스트민스터 신앙고백』 14장 '구원 얻는 믿음에 대하여' | 110

PART 3 / 조나단 에드워즈의 묵상

믿음을 묵상하고 대답하라

신앙에 대한 21가지 생각 | 114

PART 1

믿음의 기본을 대답하라

/

찰스 스펄전의 설교

**1881년 7월 17일 주일,
메트로폴리탄 태버내클에서**

믿음이 먼저인가, 은혜가 먼저인가?
믿음이란 무엇인가?
왜 믿음이 구원의 수단인가?
어떻게 믿음을 얻을 수 있는가?

1 믿음이 먼저인가, 은혜가 먼저인가?

"너희는 그 은혜에 의하여 믿음으로 말미암아 구원을 받았으니"
(엡 2:8).

오늘은 "믿음으로 말미암아"라는 말을 주로 살펴보겠습니다. 그렇지만 그전에 먼저 우리 구원의 근원인 '하나님의 은혜'를 주의해 보아야 합니다.

"너희는 그 은혜에 의하여 …… 구원을 받았으니."

하나님께서 은혜로우시기에 범죄한 인간이 용서를 받고, 회심을 하고, 정결케 되고, 구원을 받습니다. 사람이 구원을 받는 것은 사람 안에 구원받을 만한 것이 있기 때문이 아닙니다. 사람 안에 구원받을 가능성이 있기 때문도 아닙니다. 오로지 하나님의 무한한 사랑과 선하심, 자비로우심, 불쌍히 여기심으로 인하여 우리는 구원을 받습니다.

그러므로 잠시 샘의 근원에 머물러 계십시오. 생명수의 정결한

강이 하나님과 어린양의 보좌로부터 흘러나오는 것을 바라보십시오. 하나님의 은혜가 얼마나 깊은지요! 누가 능히 그 깊이를 측량할 수 있을까요! 하나님의 다른 속성들도 그렇지만 이 은혜 역시 무한합니다.

하나님은 사랑이 충만하십니다. 하나님께서 사랑이시기 때문입니다. 하나님의 선하심은 충만합니다. 하나님의 이름(God)을 보십시오. 선하심(good)을 줄인 모양이 아닙니까!

하나님 안에는 무한한 선함과 사랑이 있습니다. 인간이 진멸되지 않는 것은 '여호와의 자비가 무궁하기' 때문입니다. 죄인들이 하나님께로 와서 용서를 받는 것은 '여호와의 긍휼이 무궁하기' 때문입니다(애 3:22).

잘 기억하셔야 합니다. 그렇지 않으면 은혜가 믿음의 근원인 것은 잊은 채 믿음이 구원의 수단인 것에만 마음을 집중하는 잘못을 저지를 수 있습니다. 믿음은 하나님의 은혜가 우리 안에 역사한 결과입니다. 어느 누구도 성령이 아니고서는 예수를 그리스도라 할 수 없습니다. 예수님께서는 말씀하셨습니다. "아버지께서 이끌지 아니하시면 아무도 내게 올 수 없으니"(요 6:44). 그러므로 그리스도께로 나아오는 믿음은 하나님께서 이끌어주신 결과입니다!

은혜는 믿음과 구원의 처음과 마지막 동인(動因)입니다. 믿음은 물론 중요합니다. 하지만 믿음은 하나님의 은혜가 사용하는 기계의 중요한 부속으로서 중요할 뿐입니다. 우리는 "믿음으로 말미암아" 구원을 받지만, "은혜에 의하여" 구원을 받는 것입니다.

"너희는 은혜에 의하여 구원을 받았다!"

이 말이 마치 천사장의 나팔 소리처럼 울려 퍼집니다. 믿음은 통로와 수로입니다. 은혜는 샘이요 물줄기입니다. 자비라는 물줄기는 믿음이라는 수로를 통해 흘러서 인간의 목마름을 해결합니다. 이 통로가 망가진 것은 정말 안타까운 일입니다. 로마에는 멋진 수로가 많았지만 안타깝게도 대개 부서지고 망가져서 시내로 물을 전달하지 못했습니다.

물을 잘 전달하려면 수로가 잘 관리되어야 합니다. 이와 마찬가지로 믿음도 진실하고 건전하여 우리가 자신을 부인하고 하나님을 의지하도록 해야 합니다. 그때 믿음은 우리 영혼에 자비를 전하는 통로가 됩니다. 명심하십시오. 다시 말하지만 믿음은 통로와 수로이지 샘이 아닙니다. 우리는 믿음을 하나님의 은혜보다 더 중요하게 여겨서는 안 됩니다.

그리스도를 믿음에서 비롯된 것처럼 생각하지 마십시오. 또한 믿음을 우리 구원의 근원과 별개로 생각하지도 마십시오. 우리의 생명은 '예수를 바라보는 데' 있습니다. 우리 자신의 믿음을 바라보는 데 있는 것이 아닙니다. 믿음으로 말미암아 모든 것이 우리에게 가능해집니다. 그러나 그 능력은 믿음에 있는 것이 아닙니다. 능력은 믿음이 의지하는 하나님께 있습니다.

은혜는 기관차이고, 믿음은 기관차와 화물칸을 연결하는 체인입니다. 영혼을 실은 화물칸은 체인을 통해 강력한 힘으로 끌어주는 기관차와 연결됩니다. 믿음의 의는 믿음의 도덕적 탁월함이 아닌 예수 그리스도의 의입니다. 믿음은 그리스도의 의를 붙들어 자기 것으로 만드는 것입니다. 우리 영혼 안의 화평은 우리 자신의 믿음이 묵상하는 것에서 나오지 않습니다. 우리의 화평이신 주님께로부터, 우리의 믿음이 만지는 그분의 겉옷으로부터 나옵니다. 그때 화평이 주님으로부터 우리에게 오게 됩니다.

이 통로를 잘 살펴보는 것은 매우 중요합니다. 그러므로 이제부터 믿음을 살펴볼 것입니다. 그때 하나님께서, 성령께서 우리를 도와주실 것입니다.

믿음. 믿음이란 무엇일까요? 믿음이 축복의 통로로 선택된 이유는 무엇일까요? 이 믿음을 우리는 어떻게 얻을 수 있으며 증가시킬 수 있을까요?

2 믿음이란 무엇인가?

성경은 "너희는 그 은혜에 의하여 믿음으로 말미암아 구원을 받았으니"라고 말합니다. 이때 말하는 믿음은 무엇일까요? 믿음을 설명하는 말은 많습니다만, 거의 모든 설명이 우리가 이미 아는 것 이상으로 설명해 주지는 못합니다.

어떤 사람은 이 구절을 읽으면 믿음을 설명하기가 더욱 복잡해진다고 합니다. 그렇습니다. 의도는 쉽게 설명하려는 것이었지만 결과는 더 복잡해질 가능성이 큽니다. 믿음을 설명하려는 우리의 노력은 누구도 이해시키지 못할 수 있습니다. 제가 그런 잘못을 저지르지 않기를 바랍니다. 믿음은 어떤 것보다 단순한 것입니다. 어쩌면 그 단순함 때문에 설명이 더 어려운지도 모르겠습니다.

믿음의 세 가지 요소: 지식, 동의, 신뢰

믿음이란 무엇입니까? 믿음은 세 가지로 이루어져 있습니다. 곧 지식과 동의와 신뢰입니다.

지식이 제일 먼저 나오는 것에 주의하십시오. 로마 가톨릭 사제들은 모르는 것도 믿을 수 있다고 주장합니다. 아마 그들은 사람이 할 수 없는 것도 할 수 있다고 여기는 모양입니다. "듣지도 못한 이를 어찌 믿으리요"(롬 10:14)라는 말씀이 있습니다. 사람은 먼저 어떤 사실에 대해 알아야 믿을 수 있습니다. 저는 이것저것을 믿지만, 듣지도 못한 많은 것들을 믿는다고 말할 수는 없습니다.

'믿음은 들음에서 나온다'고 합니다. 우리는 먼저 들어야 합니다. 그래야 무엇을 믿어야 하는지 알 수 있습니다. 누군가 여러분을 신뢰한다고 말한다면 적어도 그는 여러분의 이름 정도는 아는 사람일 것입니다. 믿음을 위해서는 어느 정도의 지식이 필수적입니다. 그러므로 지식을 갖는 것이 중요합니다. 옛 선지자는 "너희는 귀를 기울이고 내게로 나아와 들으라 그리하면 너희의 영혼이 살리라"(사 55:3)고 말했습니다. 이 말씀은 지금도 복음의 말씀입니다.

성경을 찾아 성령께서 그리스도와 그의 구원에 대해 어떻게 가르치시는지 배우십시오. 하나님을 알려고 하십시오. 하나님은 자기를 찾는 자들에게 상 주시는 이십니다(히 11:6). 하나님은 여러분에게 '여호와를 알고 경외하는 마음'을 주실 것입니다. 복음을 아십시오. 기쁜 소식이 무엇이며, 값없이 주시는 용서가 무엇인지, 회개에 대해서, 하나님의 자녀가 되는 것에 대해서, 그리고 그 외에 수없이 많은 축복들에 대해 배우십시오. 하나님이 누구신지 아십시오. 복음을 배우십시오.

특별히 그리스도 예수, 하나님의 아들이신 구세주를 아십시오. 그분은 인간으로서 우리와 연합하시고, 신으로서 하나님과 연합되신 분입니다. 그리하여 하나님과 사람 사이의 중보자가 되셔서 그 손으로 각각 하나님과 사람을 붙잡고 계십니다. 그분은 죄인과 세상의 심판자 사이를 연결하십니다.

그리스도를 점점 더 많이 알도록 노력하십시오. 바울은 회심한 지 20여 년이 지난 후에도 자신이 그리스도를 알기 원한다고 말했습니다. 바울의 고백을 통해 우리는 알 수 있습니다. 예수님을 알 수록 더욱더 그리스도를 알기 원하고, 그리하여 우리의 믿음은 더욱 자라난다는 것입니다. 특별히 그리스도의 희생에 관한 교리를 알도록 노력하십시오. 그것이 믿음이 지향하는 목표의 중심입니다. 구원을 얻는 믿음이 바로 여기에 자리하고 있습니다.

> "하나님께서 그리스도 안에 계시사 세상을 자기와 화목하게 하시며 그들의 죄를 그들에게 돌리지 아니하시고"(고후 5:19).

그리스도께서 우리를 위해 저주를 받으셨음을 알기 바랍니다. "나무에 달린 자마다 저주 아래에 있는 자라 하였음이라"(갈 3:13). 그리스도의 대속 교리를 깊이 연구하십시오. 바로 여기에 인간의 죄에 대한 위로가 있습니다. "하나님이 죄를 알지도 못하신 이를 우리를 대신하여 죄로 삼으신 것은 우리로 하여금 그 안에서 하나님의 의가 되게 하려 하심이라"(고후 5:21). 그러므로 믿음은 지식에서 시작됩니다. 하나님의 진리를 배우는 것이 중요합니다. 그리스도를 아는 것이 영생입니다.

두 번째는 동의(belief)입니다. 이제 생각은 그 지식이 진실하다고 동의하는 단계로 나아갑니다. 영혼은, 하나님이 존재하시며 그분은 진실한 마음의 부르짖음을 들으시고, 또 복음은 하나님께로부터 온 것이 사실이라는 데 동의하게 됩니다. 믿음으로 의롭다 하심을 얻는 것은, 하나님께서 이 말세에 그의 성령으로 전에 없이 분명하게 드러내 보여 주신 위대한 진리라는 데 동의합니다.

그다음에는 분명히 그리고 진실로 예수님께서 우리 하나님이요, 구주요, 인류의 구속자요, 선지자요, 제사장이요, 왕이심을 마음으로 받아들입니다. 여러분도 여기에 이르기를 기도합니다. '하나님의 아들 예수 그리스도의 피가 우리를 모든 죄에서 깨끗하게 하신다'는 사실을 굳게 받아들이십시오. 하나님은 인간을 위한 예수님의 희생을 완전하고 온전한 것으로 받아들이셨습니다. 그러므로 예수님을 믿는 자는 정죄를 당하지 않습니다.

이제 믿음의 세 번째 요소가 남았습니다. 바로 신뢰입니다. 여러분은 자신을 자비로우신 하나님께 맡겨야 합니다. 여러분의 소망을 은혜로운 복음에 두십시오. 여러분의 영혼을 죽으시고 살아나신 구주께 위탁하십시오. 여러분의 죄를 대속의 피에 씻으십시오. 그의 완전한 의를 받아들이십시오. 그러면 모두 해결될 것입니다. 신뢰는 믿음에 생명을 주는 피입니다. 이것이 없으면 구원을 얻는 믿음이 아닙니다.

청교도들은 믿음을 종종 '기대 누움'이라는 말로 설명했습니다. 여러분은 그 의미를 알 것입니다. 저는 지금 이 단에 기대고 있습니다. 저의 체중을 모두 여기에 기댔습니다. 이처럼 늘 그리스도께 기대십시오. 온몸을 한껏 뻗쳐서 바위에 기대어 납작 드러눕듯 그리스도께 완전히 던지십시오. 자신을 그리스도께 던져 그분 안에서 쉬며 그분께 맡기십시오. 그렇게 한다면 여러분은 구원을 얻는 믿음을 가진 것입니다.

믿음은 맹목적인 것이 아닙니다. 믿음은 지식에서 시작됩니다. 신앙은 짐작이 아닙니다. 확실한 사실을 믿는 것입니다. 신앙은 비실제적인 것, 꿈같은 것도 아닙니다. 신뢰하는 것으로 계시된 진리에 그 운명을 거는 것입니다. 믿음은 모든 것을 하나님의 진리에 거는 것입니다. 쉬운 말은 아니지만, 이를 다음과 같이 표현한 시인의 말은 제가 의미하는 바를 잘 보여줍니다.

그에게 걸어라, 모든 것을 걸어라.
다른 어떤 신뢰도 침투하지 못하게 하라.

이것이 믿음이 무엇인지 설명하는 한 방법입니다. 혹시 제가 '복잡하게' 만들지는 않았는지 모르겠습니다.

누구를 믿고, 무엇을 믿는가?

다시 살펴봅시다. 신앙이란, 그리스도께서 그 자신이 친히 말씀하신 그분이라는 것, 그리고 그분은 자신의 약속을 반드시 행하신다는 것을 믿고, 그것을 기대하는 것입니다.

성경은 예수 그리스도를 가리켜 그분은 하나님이시며, 인간의 육신을 입으신 하나님이시고, 성품은 완전하시며, 우리를 위해 화목제물이 되셨고, 우리의 죄를 지고 친히 나무에 달리셨다고 말합니다. 성경은 그리스도께서 허물을 해결하셨으며, 죄에 종지부를 찍으셨고, 그리하여 영원한 의를 가져오셨다고 말합니다. 나아가 성경은 그가 '부활'하셨으며, 그리하여 '살아계셔서 우리를 위해 영원히 중보하고 계시고', 그는 영광을 입으셨으며, 천국에 자기 백성이 있을 곳을 마련하시고, 곧 세상을 의로, 그의 백성을 공평으로 심판하기 위해 다시 오실 거라고 말합니다.

우리는 분명히 그렇다고 굳게 믿습니다. 아버지 하나님께서 "이는 내 사랑하는 아들이니 너희는 그의 말을 들으라"(막 9:7)고 증거하셨기 때문입니다. 이는 성령 하나님께서도 증거하신 사실입니다. 성령께서는 말씀과 여러 가지 이적을 통해, 그리고 사람들의 마음속에 역사하심으로써 그리스도에 대해 증거하셨습니다. 우리는 이 증거를 사실로 믿어야 합니다.

신앙은 또한 그리스도께서 친히 증거하신 대로 행하실 것을 믿습니다. 만일 그리스도께서 자기에게 오는 자를 내쫓지 않겠다고 약속하셨으면, 그분은 분명 우리가 그분께로 갈 때 우리를 내쫓지 않으실 것입니다. 만일 예수님이 "내가 주는 물을 마시는 자는 영원히 목마르지 아니하리니 내가 주는 물은 그 속에서 영생하도록 솟아나는 샘물이 되리라"(요 4:14)고 말씀하셨으면, 그것이 진실하다고 믿는 것입니다. 우리가 이 생명수를 그리스도께로부터 받는다면, 이 생명수는 우리 안에 남아 있을 것이며 우리 안에서 거룩한 생명의 샘물이 될 것입니다.

그리스도께서는 무엇이든지 약속하신 것을 행하십니다. 우리는 이것을 믿고 그분의 약속에 따라서 용서와 칭의와 견인과 영원한 영광을 그분께 받을 것이라 믿어야 합니다.

이제 다음 단계로 넘어가겠습니다. 예수님께서는 자신이 친히 말씀하신 바로 그분이십니다. 예수님은 자신이 친히 행하겠다고 말씀하신 것을 행하십니다. 그러므로 우리 각 사람은 그분을 신뢰하고, 이렇게 말해야 합니다. "나에게 그분은 자신이 친히 말씀하신 그분이시다. 그리고 그분은 친히 하겠다고 약속하신 것을 나를 위해 행하신다. 나는 나를 구원하기 위해 지정되신 그분의 손에 나를 맡긴다. 그러면 그분이 나를 구원하실 것이다. 나는 그분이 말씀하신 그대로 행하실 것이라 믿으며, 그분의 약속을 의지한다."

이것이 구원을 얻는 믿음입니다. 이 신앙을 가진 사람은 영원한 생명을 가집니다. 그에게 어떤 위험과 어려움이 닥치든, 그가 어떤 어둠과 침체에 빠지든, 그가 어떤 허물과 죄를 가지든 이처럼 그리스도를 믿는 사람은 정죄함이 없으며 앞으로도 영원히 정죄를 당하지 않을 것입니다. 이 설명이 도움이 되기를 바랍니다. 이 설명이 하나님의 성령께 사용되기를 바랍니다.

세 가지 믿음에 대한 예화

오늘 아침은 매우 덥습니다. 그래서 여러분이 졸지 않도록 몇 가지 예화를 더 이야기하는 것이 좋을 듯합니다. 혹시 누가 졸게 된다면 옆에 계신 분이 살짝 찔러 깨워 주시기 바랍니다. 지금 여러분은 깨어 있어야 합니다. 지금 다루는 주제와 같은 경우에는 특별히 그렇습니다. 흔히 사용하는 예화들이 많지만, 저는 저만의 예화를 한두 가지 이야기하려고 합니다.

믿음은 지식의 분량이나 혹은 다른 이유들에 따라 그 수준이 매우 다릅니다. 때로 믿음은 단순히 그리스도께 매달리는 수준에 불과합니다. 의지한다는 생각, 또는 의지하겠다는 의지에 불과한 것입니다.

바닷가에 가면 우리는 바위에 붙은 조개를 볼 수 있습니다. 바위 위를 살금살금 걸어가 막대기로 힘껏 내려친다면 조개는 떨어질 것입니다. 그런데 여러분이 조개를 내려치는 소리를 옆의 조개가 들었다고 합시다. 그래서 옆의 조개는 있는 힘을 다해 매달립니다. 여러분은 그 조개를 떼어낼 수 없습니다. 치고 또 쳐 보십시오. 막대기만 부서질 것입니다.

이 조그마한 조개는 아는 것은 많지 않습니다. 그러나 매달립니다. 자기가 매달린 바위에 대해, 그 바위의 지질학적 성분에 대해 잘 알지 못하지만 매달립니다. 그 조개는 매달릴 것을 발견했습니다. 그것이 조개가 아는 작은 지식입니다. 그리고 조개는 그 구원의 바위에 매달림으로써 자신의 지식을 사용합니다. 매달림으로써 조개가 생명을 얻습니다.

수많은 하나님의 백성들도 이 이상의 지식을 갖지는 못합니다. 그러나 그들은 자신의 마음과 목숨을 다해 예수님께 매달리는 데 충분한 지식을 가지고 있습니다. 그 정도면 충분합니다. 예수 그리스도는 그들에게 강하고 능한 구주십니다. 움직이지 않고 변하지 않는 반석입니다. 그들은 생명을 얻기 위해 예수님께 매달립니다. 이 매달림이 그들을 구원합니다.

하나님은 그의 백성에게 매달리는 성향을 주십니다. 마당에 자라는 완두콩을 보십시오. 혹시 콩 줄기가 땅바닥에 떨어졌다면, 줄기를 들어 시렁 위에 올리거나 붙들어 매 보십시오. 줄기가 이내 시렁을 붙잡을 것입니다. 완두콩은 닿는 것은 무엇이든 붙잡는 덩굴손이 있기 때문입니다.

완두콩은 위로 자라도록 되어 있습니다. 그래서 덩굴손을 주신 것입니다. 하나님의 자녀도 모두 하나님을 향한 덩굴손이 있습니다. 생각과 소원, 소망이 있어서 그것으로 그리스도와 그의 약속을 붙잡습니다. 이것은 아주 단순한 종류의 믿음이지만 아주 완전하고 효과적인 형태의 믿음입니다. 사실 이것이 모든 믿음의 핵심입니다. 우리가 어려움에 빠지거나 우리의 생각이 병들고 영적으로 침체에 빠졌을 때 우리는 종종 이 믿음으로 이끌립니다. 다른 무엇을 할 수 없을 때에도 우리는 매달릴 수 있습니다. 이것이 바로 믿음의 본질입니다.

복음에 대해 마땅히 알 바를 알지 못한다 해도, 아는 것에 매달리십시오. 자신이 아직 생명의 강에 겨우 들어선 어린양 같습니까? 깊은 곳으로 헤엄쳐 들어갈 만큼 강하지 않다 해도 그 생명수를 마시기 바랍니다. 헤엄치기 때문이 아니라 마시기 때문에 구원을 얻는 것입니다. 그러므로 매달리십시오! 예수님께 매달리십시오. 그것이 믿음입니다.

또 다른 믿음의 형태가 있습니다. 어떤 사람은 다른 사람이 뛰어나다는 것을 알고 그를 의지하고 따릅니다. 첫 번째 예화에 나온 조개는 바위에 대해 많이 알지 못했습니다. 그러나 지금 설명하려는 단계의 믿음에는 더 많은 지식이 있습니다.

앞을 보지 못하는 사람은 자신의 안내자를 신뢰합니다. 안내자가 볼 수 있다는 것을 알기 때문입니다. 그는 안내자를 신뢰하고 그가 이끄는 대로 따라 걷습니다. 선천적으로 앞을 보지 못해 본다는 것이 무엇인지 모른다 해도, 그는 시각이라는 것이 존재한다는 사실을 압니다. 그리고 자신의 안내자는 시각을 가졌다는 사실도 압니다. 그래서 스스럼없이 자신의 손을 안내자의 손에 맡기고 그가 이끄는 대로 따릅니다.

이것은 믿음에 대한 좋은 예화가 됩니다. 우리는 예수님이 우리가 가지지 못한 공로와 능력과 축복을 가지고 계심을 압니다. 그래서 기쁨으로 우리 자신을 예수님께 맡깁니다. 예수님은 우리의 신뢰를 결코 배신하지 않으십니다.

권위와 사랑에 근거한 믿음

학교에 다니는 학생은 모두 자신이 배우는 것을 믿어야 합니다. 지리 선생님이 지구의 형태와 어떤 큰 도시, 또는 국가에 대해 설명을 합니다. 학생은 이것이 사실인지 알지 못합니다. 다만 선생님과 교과서를 믿을 뿐입니다. 바로 이것이 여러분이 구원받기 위해 그리스도께 해야 할 일입니다. 우리는 그리스도께서 우리에게 말씀하셨기 때문에 알아야 합니다. 그리스도께서 그렇다고 말씀하셨기 때문에 믿어야 합니다. 그러면 구원을 주겠다고 약속하셨기 때문에 그분을 신뢰해야 합니다.

여러분과 제가 아는 거의 모든 것은 믿음으로 비롯된 것입니다. 하나의 과학적 발견이 있으면 우리는 그것을 확신합니다. 무엇을 근거로 확신합니까? 저명한 학자의 권위가 그 근거입니다. 우리는 그들이 한 실험을 직접 해 보지 않았습니다. 그러나 그들이 증거한 것을 믿습니다.

그리스도께 대해서도 이와 같이 해야 합니다. 그리스도께서 어떤 진리를 우리에게 가르치셨기 때문에 우리는 그의 제자가 되어야 합니다. 그의 말씀을 믿고 그를 의지해야 합니다. 그리스도는 우리보다 무한히 뛰어나신 분입니다. 그분은 우리의 주와 주인으로서 자신을 보여 주셔서 우리가 신뢰하도록 하십니다. 우리가 그분과 그분의 말씀을 받아들이면 구원을 얻게 됩니다.

또 하나의 고상한 형태의 믿음은 사랑에서 자라나는 믿음입니다. 아이가 자기 아버지를 신뢰하는 까닭은 무엇입니까? 예를 들어 우리가 그 아이보다 그의 아버지에 대해 약간 더 안다고 합시다. 그러나 우리는 그 아버지를 무조건적으로 의지하지 않습니다. 아이가 자기 아버지를 신뢰하는 이유는 아버지를 사랑하기 때문입니다.

예수님에 대한 깊은 사랑으로 예수님을 믿는 사람은 복되고 행복한 사람입니다. 그들은 예수님의 성품에 매력을 느끼고 그의 사명을 좋아합니다. 예수님께서 보여 주신 인애에 흠뻑 빠졌습니다. 그들은 예수님을 존경하고 경외하고 사랑하기 때문에 신뢰하지 않을 수 없습니다. 사랑하는 사람을 의심하는 일은 힘듭니다. 만일 그런 상태에 이르렀다면 그다음에는 질투라는 끔찍한 감정이 기다리고 있을 것입니다. 그것은 죽음처럼 강하고 무덤처럼 잔인합니다. 그러나 사랑은 온통 신뢰하고 확신하는 상태에 이르도록 합니다.

구주를 사랑으로 신뢰하는 방법은 이렇게 설명할 수 있습니다. 세상에서 가장 유명한 의사의 아내가 있습니다. 그녀는 매우 심각한 병에 걸려 눕게 되었습니다. 그런데 그녀는 아주 차분하고 조용합니다. 자기 남편이 그 질병을 전문적으로 연구해 왔으며, 그 병에 걸린 사람들을 수없이 치료해 왔기 때문입니다. 그녀는 조금도 괴로워하지 않습니다. 자신을 사랑하는 이의 손에 맡겼으니 이제 안전하다고 생각하기 때문입니다. 남편이 최선을 다해 모든 기술과 사랑을 쏟을 것입니다. 그녀의 믿음은 합당하고 당연합니다. 남편은 어느 모로 보나 아내가 그런 신뢰를 가질 만한 사람입니다.

가장 행복한 신자들이 그리스도를 향해 갖는 믿음이 바로 이런 믿음입니다. 그리스도와 같은 의사는 없습니다. 그분처럼 구원하실 수 있는 분은 없습니다. 그런데 그분이 우리를 사랑하십니다.

그러기에 우리는 자신을 그분의 손에 맡기고, 그분이 어떤 처방을 내리든 받아들이고, 무엇을 요구하든 따릅니다. 그분이 우리를 지도하시는 한 잘못된 지시를 받을 가능성은 없습니다. 그분은 우리를 너무도 사랑하시기에 우리로 멸망을 당하게 하시거나 불필요한 고통을 당하게 하시지 않을 것입니다.

어린아이 같은 믿음

믿음은 또한 살아계신 하나님과 구주의 임재하심을 체험하게 합니다. 그 결과 다음 예화의 어린아이가 보이는 고요함과 평온함이 그 영혼 안에 생깁니다. 광풍이 불자 어린아이의 어머니는 깜짝 놀랍니다. 그러나 그 귀여운 아이는 즐거워하며 기뻐서 박수를 칩니다. 번개가 번뜩여도 창가에 서서 "엄마, 보세요. 아름다워요, 정말 아름다워요."라고 소리칩니다. 어머니는 "애야, 이리 온. 번개는 무섭단다."라고 말합니다. 그래도 아이는 하나님께서 하늘에 만드시는 그 아름다운 빛을 보게 해달라고 졸라댑니다. 하나님께서 자신의 어린아이에게 해를 끼치지 않으실 것을 확신하기 때문입니다.

어머니가 "하지만 저 무서운 천둥소리를 들어 봐."라고 말하자, 아이는 "엄마가 하나님께서는 천둥소리로 말씀하신다고 하지 않았어요?"라고 말합니다. 어머니가 겁에 질린 목소리로 "그래."라고 대답하자, 아이는 이렇게 말합니다. "와! 하나님의 음성을 들으니 얼마나 멋져요. 하나님이 아주 큰 소리로 말씀하셔서요. 듣지 못하는 사람들이 들으라고 그러시는 것 같아요. 그렇지 않아요, 엄마?" 아이는 새처럼 즐거워합니다.

아이가 이처럼 평온할 수 있는 것은 그 아이가 하나님을 실제적으로 바라보며, 또 하나님을 신뢰하기 때문입니다. 그 아이에게는 번개가 하나님의 아름다운 빛입니다. 천둥소리는 하나님의 놀라운 음성입니다. 그래서 행복합니다. 아이의 어머니는 자연 법칙과 전기 에너지에 대해 아주 많이 알고 있을 것입니다. 그러나 그 지식이 그녀에게 위로를 주지는 못합니다. 어린아이의 지식은 작지만, 그 지식은 확고하고 소중합니다.

오늘날 우리는 자부심이 매우 강해져서 자명한 진리에 위로받지 못하고, 의심스러운 이론들로 스스로를 비참하게 만들기를 더 좋아합니다. 후드(Hood)의 다음 노래는 심오한 영적 진리를 담고 있습니다.

그리워라, 그리워라.
그 검고 커다란 전나무.
나는 이따금 생각했지.
가느다란 꼭대기가 하늘에 닿겠구나!
어렸고 어리석은 생각이었지.
그러나 이제 나는 슬픔을 느끼네.

그때보다 지금 더
천국에서 멀어졌음을 알기에.

저는 그릇된 길로 똑똑하게 성장하기보다는 다시 어린아이가 되고 싶습니다. 믿음은 그리스도를 향해 어린아이가 되는 것입니다. 그래서 바로 지금 이 순간 있는 그대로의 모습으로 그분을 믿는 것입니다. 이것은 유치해 보일 수 있습니다. 그러나 주 안에서 행복하려면 우리는 모두 이런 어린아이와 같은 자세로 나아가야 합니다. "누구든지 하나님의 나라를 어린 아이와 같이 받아들이지 않는 자는 결단코 거기 들어가지 못하리라"(눅 18:17).

믿음은 마치 어린아이가 그의 아버지를 믿는 것처럼 그리스도를 믿는 것입니다. 그분이 하신 말씀 그대로 받아들이고 과거, 현재, 미래를 아주 단순하게 신뢰하고 맡기는 것입니다. 하나님께서 우리에게 이런 믿음을 주시기를 바랍니다.

더는 증거가 필요 없는 믿음

확고한 믿음은 분명한 지식에서 나오며, 은혜 안에 성장함으로 이루어집니다. 그리스도를 믿는 믿음이란 그를 알기에, 그의 한결같은 신실함이 입증되었기에 그를 신뢰하는 것입니다. 이 믿음은 이제 증거와 증표를 요구하지 않습니다. 다만 용감하게 믿습니다.

항해사의 믿음을 보십시오. 저는 종종 그의 믿음에 놀랍니다. 그는 닻줄을 풀고 해안에서 떨어져 나갑니다. 며칠, 몇 주, 몇 달씩 그는 아무것도 보이지 않는데도 항해를 합니다. 그러나 두려워하지 않고 밤낮으로 항해하여 어느 아침, 그가 가려고 했던 안식처에 이릅니다. 바다를 알 수 없는 깊은 곳에서 그는 어떻게 길을 찾았을까요? 그는 나침반과 항해력, 망원경, 천체를 신뢰하고 그것들의 안내를 따랐습니다. 그래서 정확하게 항해하여 목표했던 항구에 도착한 것입니다.

보이지 않는 상태로 항해하는 것은 놀라운 일입니다. 보이는 해안을 떠나 "내안의 느낌, 증거, 증표여 안녕. 이제 나는 하나님을 믿는다. 나는 즉시 천국을 향해 항해할 것이다."라고 말할 수 있다면, 그것은 영적으로 복된 일입니다. "보지 않고 믿는 자는 복이 있도다." 그들은 언젠가 멋지게 입항할 것입니다. 그 항해길도 안전할 것입니다.

이런 믿음이 우리 영혼과 그 모든 영원한 관심들을 구주께 쉽게 맡기도록 합니다. 어떤 사람은 어느 정도의 신뢰만으로 은행에 가서 자신의 돈을 맡깁니다. 그러나 다른 사람은 은행의 거래 내역을 살피고 은밀한 내용을 조사하여 그 은행이 막대한 투자금을 확보하고 있음을 확인하고는 절대적 확신을 가지고 자기 돈을 맡깁니다. 그는 알고 믿음을 가졌기에 즐거운 마음으로 자기의 모든 것을 은행에 맡깁니다. 마찬가지로 그리스도를 아는 우리는 그분이 우리를 끝까지 지키실 것을 알기에 우리의 모든 것을 그분의 손에 맡깁니다.

하나님은 갈수록 많은 확신을 주셔서 우리가 마침내 흔들리지 않는 믿음에 이르게 하십니다. 그래서 우리는 결코 의심하지 않고 신뢰하게 됩니다. 쟁기질하는 사람을 보십시오. 그는 나무에 잎도 없고 즐거운 새소리도 없는 추운 겨울 동안 열심히 쟁기질을 합니다. 쟁기질을 한 다음에는 소중한 씨앗을 이랑에 심습니다. 싹이 날 것을 확신하며 말입니다. 그 농부는 이미 수십 번 추수를 했습니다. 그래서 이번에도 추수를 기대하며, 믿음으로 소중한 곡식을 뿌립니다.

좋은 곡식을 흩뿌려 땅에 심는 행위는 겉보기에 인간이 하는 행위 중 가장 어리석어 보입니다. 혹시 여러분이 그 결과를 보거나 들은 적이 없다면, 그저 낭비요 농사일이 아닌 것으로 여길 것입니다. 그러나 농부는 의심하지 않습니다. 그는 씨를 뿌리기를 갈망합니다. 그는 믿음을 가지고 씨 뿌리기에 좋은 날씨를 고대합니다. 만일 그에게 어리석다고 말한다면, 농부는 여러분의 무지함을 비웃으며 추수가 이루어질 것이라고 대답할 것입니다.

이것은 경험을 통해 믿음이 자라는 것을 보여 주는 이야기입니다. 이러한 경험은 겉으로 보이는 것과 상관없이 우리가 행동할 수 있도록 도와줍니다. 또한 우리의 모든 것을 그리스도께 맡기도록 합니다. 우리의 소망과 우리의 삶을 그와 함께 묻으면서, 우리가 그와 함께 죽으면 또한 그와 함께 살 것을 기쁨으로 확신합니다. 죽은 자 가운데서 다시 사신 예수 그리스도께서 자신의 죽음으로 우리를 다시 살리셔서 새로운 생명을 얻게 하시고 기쁨과 평안을 수확하게 하실 것입니다.

모든 것을 그리스도께 맡기십시오. 그러면 더욱 풍성하게 되받을 것입니다. 여러분이 강한 믿음을 얻게 되기를 바랍니다. 그래서 해가 뜨고 지는 것을 의심하지 않는 것처럼 구주께서 시시때때로 우리를 도우심을 의심하지 않게 되기 바랍니다. 우리는 이미 우리 주님을 의뢰했고 결코 부끄러움을 당하지 않습니다. 그러므로 앞으로도 더욱더 주님을 의지할 것입니다. 주님을 아무리 믿어도 지나치지 않습니다. 하나님을 신뢰하십시오. 그러면 예수님께서 하신 말씀, "하나님을 믿으니 또 나를 믿으라"(요 14:1)는 그 말씀을 듣게 될 것입니다.

하나님에 대해 더 알수록 더 거리낌 없이
하나님을 신뢰하게 된다.
하나님을 아는 지식이 보다 더 진보할수록
우리의 믿음은 더 단순해지고
보다 더 어린아이와 같아질 것이다.

_ 존 그레샴 메이첸, *What is Faith?*

3   왜 믿음이 구원의 수단인가?

/

지금까지 "믿음이란 무엇인가?"라는 질문에 대한 답을 찾아보았습니다. 이제부터는 "왜 믿음이 구원의 수단으로 채택되었는가?" 하는 문제를 살펴보려 합니다.

믿음, 구원을 받아들이는 손

이 질문은 우리를 겸손하게 합니다. 하나님의 길은 늘 이해할 수 있는 것이 아니기 때문입니다. 그러나 우리가 아는 한 믿음은 은혜의 통로로 채택되었습니다. 믿음은 받아들이는 것과 자연스럽게 맞물리기 때문입니다.

제가 가난한 사람에게 자선 행위로 돈을 주려 한다고 생각해 봅시다. 저는 돈을 그의 손에 놓습니다. 왜 그럴까요? 돈을 귀나 발에 놓는 것은 적합하지 않기 때문입니다. 손은 무언가를 받는 목적으로 만들어졌습니다. 마찬가지로 믿음은 정신적인 몸에서 받는 역할을 담당하도록 만들어졌습니다.

사람의 손은 은혜를 전달하는 데 적합합니다. 쉽게 말해 보겠습니다. 그리스도를 받아들이는 믿음은 마치 여러분의 자녀가 여러분에게서 사과를 받는 행위처럼 단순합니다. 여러분의 자녀가 사과를 받은 것은 여러분이 손을 내밀면 사과를 주겠다고 약속했기 때문입니다. 이 예에서 약속에 대한 믿음과 받는 행위는 사과로만 연결되지만, 실제로 그리스도를 향한 믿음의 행위도 이와 정확하게 같습니다.

여러분의 믿음은 그리스도의 완전한 구원으로 연결됩니다. 아이의 손이 사과를 만들었다거나 변화시킨 것은 아닙니다. 그 손은 다만 사과를 받을 뿐입니다. 이와 같이 하나님께서는 믿음을 구원을 받아들이는 수단으로 선택하셨습니다. 믿음은 구원을 만들거나 구원에 도움을 주는 것이 아니라, 다만 구원을 받아들이는 것이기 때문입니다.

다시 말해 믿음이 모든 영광을 하나님께 돌리기 때문에 믿음을 구원의 수단으로 선택하신 것입니다. 믿음으로 되는 것은 은혜로 되기 위함이요, 은혜로 되는 것은 자랑하지 못하게 하기 위함입니다. 하나님은 교만을 그냥 보실 수 없습니다. 바울은 "행위에서 난 것이 아니니 이는 누구든지 자랑하지 못하게 함이라"(엡 2:9)고 말했습니다.

자비를 받아들이는 손이 "내가 선물을 받았으니 감사해야 해."라고 말하겠습니까? 그건 어리석은 짓입니다. 손이 빵을 입으로 가져

가며 "나에게 감사하도록 해. 내가 너를 먹여 주니 말이야."라고 하지 않습니다. 손이 하는 일은 꼭 필요한 일이긴 하지만 아주 단순한 일입니다. 그렇기에 자신이 하는 일에 대한 영광을 자신에게로 돌리지 않습니다.

이것이 하나님께서 믿음을 하나님의 놀라운 은혜를 받아들이는 수단으로 선택하신 이유입니다. 믿음은 자신에게 공을 돌릴 수 없습니다. 오히려 모든 선한 것을 주시는 분이신 하나님께 영광을 돌립니다.

하나님과 연결된 줄

하나님께서 믿음을 구원의 통로로 선택하신 또 다른 이유는 믿음이 하나님과 사람을 연결하는 확실한 방법이기 때문입니다. 사람이 하나님을 신뢰할 때 서로 연합되는 지점이 있는데, 그 연합이 축복을 보장합니다.

믿음이 우리를 구원하는 것은 믿음이 우리로 하여금 하나님께 매달리게 하기 때문입니다. 그래서 우리가 하나님과 연결되게 합니다. 다음 예화를 이전에 사용한 적이 있습니다만 다시 한 번 말씀드리겠습니다. 이보다 더 나은 것이 생각나지 않는군요. 수년 전 나이아가라 폭포에서 보트 한 척이 뒤집혔습니다. 두 사람이 물살에 휩쓸려 떠내려가는데 강가에 있던 사람들이 간신히 그들에게 밧줄을 던져 주었고 두 사람 다 밧줄을 붙잡았습니다. 그중 한 사람은 밧줄을 굳게 붙잡아 강가로 안전하게 이끌려 나왔지만, 다른 한 사람은 큰 통나무가 가까이 떠내려오는 것을 보고는 밧줄을 놓고 그 통나무에 매달렸습니다. 밧줄보다 굵은 통나무를 붙드는 것이 더 안전해 보였기 때문입니다. 그러나 안타깝게도 그 사람이 매달린 통나무는 곧장 깊은 계곡 아래로 떨어졌습니다. 통나무는 강가와 연결되지 않았기 때문입니다.

통나무가 굵은 것은 그 사람에게 아무런 도움이 되지 않았습니다. 그가 안전하려면 붙잡은 것이 강가로 연결되어 있어야 합니다. 마찬가지로 사람이 자신의 행위나 성례 등을 의지하면 구원을 받을 수 없습니다. 그 사람과 그리스도가 연합되지 못하기 때문입니다. 믿음은 가녀린 줄처럼 보일지 모르지만 강가에 계신 위대하신 하나님의 손과 연결되어 있습니다. 그러기에 사람을 파멸로부터 끌어냅니다. 오, 우리를 하나님께 연합되게 하는 믿음이 얼마나 복된 것인지!

믿음은 배터리

하나님께서 믿음을 구원의 수단으로 택하신 것은 믿음이 행동의 샘을 터뜨리기 때문입니다. 우리가 믿음을 통해서만 행동한다는 저의 말이 오해를 일으키지는 않을지 걱정됩니다.

제가 이 단상을 걸어간다면 그것은 제 다리가 저를 데려다 줄 것을 믿기 때문입니다. 우리가 음식을 먹는 것은 음식이 필요함을 믿기 때문입니다. 콜럼버스가 아메리카 대륙을 발견한 것은 대양 건너편에 다른 대륙이 있음을 믿었기 때문입니다. 그 외의 수많은 위대한 행위들도 믿음에서 생겨났습니다. 믿음은 놀라운 일을 이루어냅니다. 이와 동일한 원리에 의해 일반적인 일도 이루어집니다. 일상적인 형태의 믿음은 모든 것을 압도하는 힘입니다.

하나님께서 구원을 우리의 믿음에 맡기신 것은 믿음을 통해 우리의 감정과 행동 모두의 은밀한 근원을 터뜨리시기 때문입니다. 말하자면, 하나님은 배터리를 소유하신 것입니다. 이제 하나님은 우리의 본성 전체에 거룩한 전류를 흘려보내실 수 있습니다. 우리가 그리스도를 믿을 때 우리 마음은 하나님의 소유가 됩니다. 그러면 우리는 죄에서 구원을 받고, 회개와 거룩함과 열심과 모든 시도와 성별(聖別)을 비롯한 온갖 은혜로운 것으로 나아가게 됩니다.

또한 믿음은 사랑으로 역사하는 능력이 있습니다. 믿음은 감정의 비밀한 샘을 터뜨리고 마음을 하나님께로 이끌어 갑니다. 믿음은 머리로 이해하는 행동이지만, 또한 마음으로부터 나옵니다. 마음으로 믿어 의에 이르는 것입니다.

하나님께서 구원을 믿음에 맡기신 것은 믿음이 감정의 문 앞에 있기 때문이며, 사랑에 가깝기 때문입니다. 여러분도 아시다시피 사랑은 영혼을 정결하게 합니다. 하나님께 대한 사랑은 순종입니다. 사랑은 거룩합니다. 하나님을 사랑하고 사람을 사랑하는 것은 그리스도의 형상을 닮는 것입니다. 이것이 구원입니다.

나아가 믿음은 평안과 기쁨을 만들어냅니다. 믿음이 있는 사람은 안식합니다. 평온하고 즐거워합니다. 이것은 천국에 들어갈 준비를 하는 것입니다. 하나님께서는 믿음 안에 천국의 모든 은사들을 주십니다. 믿음이 우리 안에서 저 위 세상에 영원히 계시된 그 삶과 영을 이루어내기 때문입니다. 이 점에 대해서는 더 이야기하지 않고 끝내겠습니다. 여러분이 영으로는 원하지만 육신이 약하기 때문에 한 번에 다 이야기하면 지치고 말 것입니다.

4 어떻게 믿음을 얻을 수 있는가?

이제 "어떻게 하면 우리의 믿음을 키울 수 있는가?" 하는 문제에 접근했습니다. 수많은 사람들이 진지하게 묻습니다. 믿고는 싶은데 안 된다고 말입니다. 이에 대해 말도 안 되는 이야기가 많습니다. 저는 아주 실제적으로 이 문제를 생각해 보려 합니다.

"믿으려면 어떻게 해야 합니까?" 가장 간단한 방법은 믿는 것입니다. 만일 성령께서 정직하고 솔직한 마음을 주신다면, 여러분은 진리가 다가오는 순간 바로 믿을 것입니다. 복음의 명령은 분명합니다. "주 예수를 믿으십시오. 그러면 구원을 받을 것입니다."

구하고, 들으라

그래도 믿기가 어렵다면 기도로 하나님께 아뢰십시오. 하늘에 계신 아버지께 무엇이 여러분을 혼란스럽게 하는지 정확하게 말씀드리십시오. 그리고 성령께서 이 문제를 해결해 주시기를 진심으로 구하십시오.

제가 만일 어느 책의 내용 가운데 한 부분을 믿을 수 없다면 저는 기꺼이 책의 저자에게 그 뜻을 물어볼 것입니다. 만일 그 저자가 진실한 사람이라면 그의 설명에 저는 만족할 것입니다. 하물며 하나님께서 진정으로 구하는 사람에게 그 마음이 만족되기까지 설명하지 못하시겠습니까? 주님께서는 기꺼이 자신을 보여 주십니다. 주님께 구하시고 그렇게 하시는지 보기 바랍니다.

또한 믿음이 어렵게 여겨진다면 여러분이 믿으라고 명령받은 것을 간절히 그리고 자주 들으십시오. 그러면 하나님의 성령께서 여러분이 믿을 수 있게 해 주실 것입니다. 우리는 자주 듣기 때문에 믿는 것이 많습니다. 일상에서 그런 경험을 한 적이 없습니까? 하루에 50번을 들으면 마침내 믿게 되기 마련입니다. 어떤 사람들은 이런 과정으로 인해 그릇된 것을 믿게 되기도 합니다.

저는 하나님께서 우리가 진실한 것을 믿게 되도록 이 방법을 종종 사용하신다고 생각합니다. 성경에 기록되어 있기 때문입니다. "믿음은 들음에서 나며 들음은 그리스도의 말씀으로 말미암았느니라"(롬 10:17). 복음을 진지하게 경청한다면, 얼마 되지 않아 성령께서 마음에 역사하시고 이를 통해 듣는 것을 믿게 된 자신을 발견할 것입니다.

그래도 이것이 좋은 방안이라고 생각되지 않는다면 다음 방법을 고려해 보십시오. 다른 사람들의 간증을 듣는 것입니다. 예수님은 사마리아 우물가에서 한 여인을 만났습니다. 그 여인은 예수님을 만난 이야기를 마을로 들어가 전했습니다. 사마리아 사람들은 그 여인의 증거 때문에 믿게 되었습니다. 우리의 믿음 가운데 많은 부분은 다른 사람들의 간증에서 비롯됩니다.

저는 일본이라는 나라가 있다고 믿습니다. 그 나라를 보지는 못했지만 그런 곳이 있다고 믿습니다. 다른 사람들이 그곳에 다녀왔기 때문입니다. 저는 제가 죽을 것을 믿습니다. 죽어 본 적은 없습니다만, 제가 아는 수많은 사람들이 죽었습니다. 그래서 저도 역시 죽을 것을 확신합니다. 많은 사람들의 증거가 저로 하여금 이 사실을 확신하게 만드는 것입니다. 그러므로 자신이 어떻게 구원받았는지, 어떻게 죄 사함을 받았는지, 어떻게 성품이 변화하게 되었는지 전하는 사람들의 말을 잘 들으십시오.

만일 여러분이 도둑이라면, 그리스도의 보혈의 샘에 자기의 죄를 씻고 기뻐하는 도둑의 이야기를 발견할 수 있을 것입니다. 행실이 좋지 못한 사람이라면, 그렇게 타락했던 사람이 씻음을 받고 변화된 이야기를 찾을 수 있을 것입니다. 절망하는 사람이 있다면, 하나님의 백성에게 가서 살짝 물어보십시오. 여러분과 꼭 같은 절망에 빠졌던 사람들이 자신의 구원 이야기를 해줄 것입니다. 하나님의 말씀을 시험해 본 사람들의 이야기를 차례로 들으면서 점검해 보십시오. 그러면 성령께서 여러분을 인도하여 믿음에 이르게 하실 것입니다.

아프리카 지역에 간 선교사가 한 원주민에게 물이 때로는 아주 단단해져서 사람이 그 위를 걸을 수 있다고 말했습니다. 그는 선교사가 말한 것을 거의 다 믿었지만 그 말만은 믿을 수 없었습니다. 얼마 후 그가 영국에 갔을 때 마침 추운 날이어서 강이 얼어붙은 것을 볼 수 있었습니다. 그러나 그는 그 위로 걸어 보려 하지 않았습니다. 그것이 강이라는 것을 알았기 때문입니다. 만일 그 위로 걸어간다면 빠질 것이라고 확신했습니다.

선교사는 그 사람이 얼음 위를 걷도록 설득할 수 없었습니다. 마침내 그 사람의 친구가 얼음 위를 걸었습니다. 그러자 그는 설득되었고 다른 사람처럼 얼음 위를 걸었습니다. 이와 같이 다른 사람이 믿는 것을 보고, 그래서 그들의 기쁨과 평안을 발견한다면 여러분도 조금씩 믿게 될 것입니다. 이것도 하나님께서 우리를 믿음으로 이끄시는 방법들 가운데 하나입니다.

누구의 명령인가?

더 좋은 방법이 있습니다. 여러분이 믿도록 명령받은 것 위에 어떤 권위가 있는지 살피십시오. 큰 도움이 될 것입니다. 그 권위는 제 것이 아닙니다. 제 것이라면 거부해도 됩니다. 교황의 권위도 아닙니다. 그런 거라면 거부할 수 있습니다. 그러나 여러분은 하나님의 권위를 바탕으로 믿으라는 명령을 받고 있습니다. 하나님께서 여러분에게 예수 그리스도를 믿으라고 명령하십니다. 그러므로 여러분은 거부할 수 없습니다. 여러분을 만드신 그분께 순종하지 않을 수 없습니다.

어떤 공사장 감독은 자주 복음을 들었지만 그리스도께 나아오기를 두려워했습니다. 어느 날 감독 밑에서 일하는 일꾼 하나가 "일이 끝나는 즉시 우리 집으로 오십시오."라는 내용의 카드를 감독에게 보냈습니다. 감독은 그 일꾼의 집을 찾아갔습니다. 일꾼이 나와서 퉁명스럽게 말했습니다.

"존, 무슨 일이지요? 작업 시간이 끝났는데, 무슨 권리로 여기까지 와서 이 시간에 저를 귀찮게 하십니까?"

감독이 말했습니다.

"당신이 카드를 보내 일이 끝나면 오라고 하지 않았소!"

"고작 제게서 카드를 받은 것 때문에 근무 시간이 끝났는데도 저를 찾아 오셨군요."

"참, 이해가 안 되는군요. 당신이 오라고 했으니 내게 올 권리가 있다고 생각합니다."

그제야 일꾼은 이렇게 말했습니다.

"존, 들어오세요. 제가 읽어드릴 또 한 가지 메시지가 있습니다."

일꾼은 앉아서 다음 말씀을 읽었습니다.

"수고하고 무거운 짐 진 자들아 다 내게로 오라 내가 너희를 쉬게 하리라"(마 11:28).

"감독님은 그리스도께서 보내신 이 메시지를 들었습니다. 이제 그분께 가는 것이 잘못일 수 있다고 생각하십니까?"

그 가련한 감독은 즉시 이해하고 믿었습니다. 확실한 보장과 믿을 수 있는 권위를 보았기 때문입니다. 마찬가지입니다. 여러분도 그리스도께 나아올 수 있는 확실한 권위를 가지고 있습니다. 주님께서 친히 그를 의지하라고 하셨기 때문입니다.

믿음에 대해 생각하라

이것으로 해결이 되지 않는다면 믿는다는 것이 무엇인지 생각해 보시기 바랍니다. 그리스도께서는 인간의 자리에서 인간을 대신해 고난을 당하셨습니다. 그래서 그분은 그를 의지하는 모든 사람을 구원하실 수 있습니다. 이것은 인간이 듣고 믿을 수 있는 가장 복된 사실입니다. 인간에게 주어진 가장 합당하고, 가장 위로가 되고, 가장 거룩한 진리입니다.

이 진리를 생각해 보십시오. 그리고 그 안에 있는 은혜와 사랑을 찾으시기 바랍니다. 사복음서를 공부하십시오. 바울 서신들을 공부하고 그 메시지가 믿지 않을 수 없는, 확실한 메시지인지 아닌지 살펴보십시오.

그것으로도 되지 않으면 예수 그리스도를 생각하시기 바랍니다. 그리스도가 누구신지, 그리고 어떤 일을 하셨는지, 지금 어디에 계시는지, 지금 어떤 신분을 가지고 계시는지 생각해 보십시오. 자주 그리고 깊이 생각하십시오. 여러분에게 자신을 신뢰하라고 하신 분이 어떤 분인지 안다면 분명 여러분의 마음이 움직일 것입니다. 어떻게 그분을 의심할 수 있겠습니까?

이런 모든 것이 도움이 되지 않는다면, 여러분에게 무언가 문제가 있는 것은 아닌지 생각해 보십시오. 제가 드릴 마지막 말씀은 여러분 자신을 하나님께 굴복시키라는 것입니다! 하나님의 영이 여러분에게서 반항심을 제거하셔서 여러분으로 굴복하게 만드시기를 바랍니다. 하나님을 믿지 않는다면 그것은 여러분이 반역자, 곧 교만한 반역자이기 때문입니다. 반항심을 버리십시오. 여러분의 무기를 내려놓으십시오. 여러분의 판단을 버리십시오. 여러분의 왕께 항복하십시오.

제가 믿기로는 자신을 포기하고 "주여, 저를 버립니다."라고 부르짖은 영혼 가운데 머잖아 믿음을 갖지 못한 영혼이 없습니다. 문제는 여러분이 아직도 하나님과 다투고 있고, 여러분 자신의 의지와 여러분 자신의 방법을 고집하고 있기 때문입니다. 그래서 믿을 수 없는 것입니다.

그리스도께서 말씀하셨습니다. "너희가 서로 영광을 취하고 유일하신 하나님께로부터 오는 영광은 구하지 아니하니 어찌 나를 믿을 수 있느냐"(요 5:44). 교만한 자아가 불신을 만듭니다. 오, 여러분, 굴복하십시오. 여러분의 하나님께 항복하십시오. 그러면 여러분의 구주를 즐거이 믿게 될 것입니다.

하나님께서 그리스도로 인해 여러분에게 복을 주셔서 이 순간 주 예수를 믿게 하시기를 간구합니다. 아멘.

WHAT IS FAITH?

PART 2

믿음을
정확히 대답하라

/

R.C. 스프로울의 정리

왜 믿음은 맹신이 아닌가?
믿음으로 사는 것은 무엇인가?
무엇이 구원을 얻는 믿음인가?
어떻게 믿음은 강화되는가?

1 왜 믿음은 맹신이 아닌가?

기독교는 그리스도에 대한 '종교'라기보다 그리스도에 대한 '신앙'이라 부르는 것이 적절하다. 믿음이 기독교의 근본 주제이기 때문이다. 믿음은 성경적 구원관의 핵심이다. 그러나 믿음은 다면적인 개념이기에 그리스도인들 가운데서도 그 의미를 정확하게 이해하는 사람은 많지 않다.

나는 이 책에서 성경이 정의하는 믿음의 본질을 알아보려 한다. 믿음이 구원과 어떤 관련이 있는지, '구원을 얻는 믿음'에 반드시 필요한 것은 무엇인지, 믿음과 이성의 관계, 또 믿음에 대해 우리가 성경에서 접하는 여러 문제들을 다루도록 하겠다.

믿음은 바라는 것과 다르다

히브리서에는 믿음에 대한 가장 기본적인 정의가 나온다. "믿음은 바라는 것들의 실상이요 보이지 않는 것들의 증거니 선진들이 이로써 증거를 얻었느니라"(히 11:1, 2). 여기서 주목할 것은 히브리서 저자가 믿음과 소망을 구분했다는 사실이다. 믿음과 소망은 긴밀하게 연결되어 있지만, 그럼에도 불구하고 엄연히 구별된다. 사도 바울도 고린도전서 13장 13절에서 믿음, 소망, 사랑이라는 기독교의 가장 중요한 덕목 세 가지를 언급하면서 그 둘을 분명히 구분했다.

믿음과 소망의 관계를 알아보기 전에 성경이 말하는 소망의 의미를 살펴보자. 오늘날 서구 사회에서 통용되는 '소망'(hope)은 신약성경의 의미와는 차이가 있다.

우리는 보통 미래에 일어났으면 좋겠지만 확신할 수 없는 일에 대한 바람을 희망(hope)이라 부른다. 예를 들어 우리는 좋아하는 축구팀이나 야구팀이 승리하기를 희망하지만 그 바람은 실현되지 않을 수 있다. 나는 피츠버그 스틸러스의 영원한 팬이다. 언제나 스틸러스의 승리를 바라지만 불확실하기 때문에 나의 희망은 헛되고 허무할 수 있다. 어떤 바람은 우리를 부끄럽게 만들지 않는다(롬 5:5 참조). 하지만 나는 결승전에서 스틸러스에 거는 희망이 나를 부끄럽게 할까 봐 걱정이다. 그들은 이길 수도 있지만 질 수도 있기 때문이다.

그러나 성경이 말하는 소망은 불확실한 미래에 대한 열망이 아니다. 절대적으로 확실한 미래에 대한 열망이다. 우리는 하나님의 약속을 믿기에 그 결과를 온전히 확신할 수 있다.

하나님께서 자신의 백성에게 주신 약속을 교회가 붙들 때 소망은 "영혼의 닻"(히 6:19)이 된다. 닻은 배가 바다에서 방향을 잃고 떠돌지 않도록 도와주는 도구다. 내일에 대한 하나님의 약속은 오늘 그를 믿는 자들의 닻이다.

다시 히브리서 말씀으로 돌아가자. "믿음은 바라는 것들의 **실상이요**"(히 11:1, 강조 추가)라는 구절은 믿음과 소망의 관계에 대해 아주 중요하고 의미심장한 지적을 한다. 그것은 믿음이 바라는 것들, 곧 소망의 정수와 연결된다는 것이다. 실제로 소망은 앞날에 대한 믿음이다. 그리고 믿음은 신뢰를 구성하는 강력한 요소다. 약속받은 미래에 대한 나의 소망이 하나님의 말씀에 근거한다면 그 소망의 실체는 약속하신 분에 대한 나의 신뢰에서 발견할 수 있다.

나는 하나님을 믿기에 소망을 가진다. 나의 믿음이 미래에 대한 하나님의 약속에 있기에 나의 소망은 실재한다. 소망은 터무니없는 망상이나 공상, 막연한 바람을 담은 헛된 꿈이 아니다. 소망은 실체가 있는 것에 근거한다.

믿음은 맹신과 다르다

히브리서 저자는 "믿음은 …… 보이지 않는 것들의 증거니"라는 말로 믿음의 정의를 이어간다. 그는 여기서 인간이 지식을 얻는 데 사용하는 감각기관 중 하나, 즉 시각을 언급했다. 오늘날 사람들은

'백문이 불여일견'이라는 표현을 종종 사용한다. 미주리(Missouri) 출신 사람들은 대개 "보여줘."라고 말하기를 좋아하는데 이런 태도는 성경적 신앙과 모순되지 않는다. 신약성경은 단지 맹목적으로 터무니없는 비약을 일삼지 말고, 증인들이 직접 눈으로 본 것을 기록한 성경 말씀에 근거해 복음을 받아들이라고 말한다.

예를 들어 사도 베드로의 증언을 생각해 보자. 그는 "우리 주 예수 그리스도의 능력과 강림하심을 너희에게 알게 한 것이 교묘히 만든 이야기를 따른 것이 아니요 우리는 그의 크신 위엄을 친히 본 자라"(벧후 1:16)고 말했다. 누가도 데오빌로에게 보내는 자신의 복음서 서두에서 "그 모든 일을 근원부터 자세히 미루어 살핀 나도 데오빌로 각하에게 차례대로 써 보내는 것이 좋은 줄 알았노니"(눅 1:3)라고 말했다. 누가는 목격자들의 증언을 통해 구체적으로 입증된 사실을 언급했다.

사도 바울은 고린도전서 15장에서 그리스도의 부활에 대한 자신의 확신을 변호하며 그 증거로 부활하신 그리스도를 직접 목격한 증인들을 제시했다. 그는 게바와 열두 제자와 500여 명의 형제와 야고보와 모든 사도를 언급하고 나서(5-7절), "맨 나중에 만삭되지 못하여 난 자 같은 내게도 보이셨느니라"(8절)고 덧붙였다. 바울의 이 말은 "나는 부활을 믿는다. 왜냐하면 많은 증인들이 부활하신 그리스도를 보았고, 나 또한 그분을 직접 보았기 때문이다."라는 뜻이다.

믿음과 보는 것은 신약성경에서 이처럼 서로 밀접하게 연결된다. 그런데 히브리서 저자는 믿음이란 '보이지 않는 것들'의 증거라고 묘사했다. 어떤 사람들은 이 말을 근거로 성경이 가르치는 덕스러운 믿음이란 맹목적인 믿음이라고 주장한다. 볼 수 없는 사람을 맹인이라 부르듯, 믿음이 보이지 않는 것들의 증거라면 결국 히브리서 저자가 의미하는 것은 맹목적인 믿음, 즉 맹신이 아니겠느냐는 것이다.

그러나 맹목적인 믿음만큼 히브리서 11장 1, 2절의 의미를 곡해하는 것은 없다. 맹목적인 신앙을 주장하는 사람들은 "우리가 믿는 데는 아무 이유가 없다. 이유는 전혀 불필요하다."는 식으로 말한다. 이런 태도는 눈을 꼭 감은 채 숨을 깊이 들이쉬고는 자신이 믿는 것이 사실이기를 간절히 바라면서 "이것은 사실이다."라고 주장하는 것과 같다. 이것은 어리석은 태도일 뿐이다. 믿음과는 아무런 상관이 없다.

성경은 무작정 어둠 속으로 뛰어들라고 요구하지 않는다. 오히려 성경은 어둠에서 빛으로 나오라고 명령한다(요 3:19 참조). 믿음은 단순히 인간의 소원을 표현한 것이 아니다. 고지식하거나 변덕스러운 것도 아니다. 만일 그렇다면 어떻게 히브리서 저자가 믿음을 '보이지 않는 것들의 증거'라고 말할 수 있겠는가?

믿음이 소망과 결부되면 우리가 지금은 볼 수 없는 내일, 곧 미래의 영역으로 나아간다. 우리 가운데 내일을 경험한 사람은 아무도 없다. 앞서 말한 대로 나는 피츠버그 스틸러스가 승리하기를 바라지만 경기의 결과를 미리 알 수는 없다.

히브리서 저자는 믿음을 보이지 않는 것들의 '증거'라고 말했다. 증거는 구체적이다. 증거는 우리가 오감을 통해 알 수 있는 무엇이다. 범죄 현장을 조사하는 수사관들이 찾으려고 애를 쓰는 것이 바로 증거다. 그들은 지문, 탄약 찌꺼기, 옷가지 등을 수집한다. 눈에 보이는 그 모든 증거들은 중요한 진실을 밝히는 열쇠가 된다. 이것이 사람들이 증거를 분석하는 이유다.

요지는 이렇다. 나는 내일 무슨 일이 일어날지 모른다. 내가 아는 것은 하나님께서는 다 아신다는 사실이다. 하나님께서 내일 일을 약속하셨고 내가 내일 일을 약속하신 그분을 신뢰한다면, 나는 아직 보지 못한 것을 믿는 믿음을 갖게 된다.

이 믿음이 증거가 될 수 있는 이유는 내가 믿는 분이 하나님이시기 때문이다. 나는 하나님께서 어떤 분이신지 안다. 그분은 절대 오류가 없으시고 거짓말을 하지 않으신다. 하나님은 모든 것을 알고 계신다. 그분의 말씀은 무엇이든 완전하다. 따라서 하나님이 내일 일어날 일을 말씀하셨다면 나는 그것을 직접 보지 못했다고 하더라도 기꺼이 믿을 수 있다. 이것은 우둔한 것도 아니고 불합리한 것도 아니다. 하나님께서 내일 일에 대해 하신 말씀을 믿지 않는 것이 오히려 불합리하다.

그렇다면 하나님은 미래에 대해 어떻게 말씀하시는가? 그분은 우리가 보지 못한 미래의 사건들을 계시하셨을 뿐 아니라 우리의 눈으로 꿰뚫어볼 수 없는 초자연적인 영역에 관한 일들을 보여 주셨다. 지금 우리의 눈에는 천사들이 보이지 않는다. 우리는 천국 또한 볼 수 없다. 그러나 하나님은 그것이 실재한다고 우리에게 계시하셨고 우리는 믿음으로 그것을 사실로 받아들일 수 있다. 그 이유는 하나님께서 미쁘시기 때문이다.

믿음과 이성은 반대되지 않는다

히브리서 저자는 믿음의 의미를 설명하면서 우리가 볼 수 있는 가장 경이로운 광경 가운데 하나를 언급하여 주의를 환기시킨다. 그것은 바로 우리가 사는 우주다. "믿음으로 모든 세계가 하나님의 말씀으로 지어진 줄을 우리가 아나니 보이는 것은 나타난 것으로 말미암아 된 것이 아니니라"(히 11:3). 이 구절은 다소 복잡해 보이지만 결국 말하는 것은 이렇다. 세상의 기원이 하나님으로부터 비롯했음을 인정하는 것은 어리석음의 소치가 아니라 믿음의 행위라는 것이다.

오늘날 과학과 종교의 갈등을 이성과 비이성의 갈등으로 생각하는 사람이 많다. 그러나 성경은 십자가에 지성을 못 박고 이성의 가르침을 무시한 채 오로지 신앙의 비약을 통해서만 하나님의 창조 행위를 받아들이라고 요구하지 않는다. 아우구스티누스와 토마스 아퀴나스 같은 교회 역사상 가장 위대한 신학자들은 믿음과 이성을 구별했지만 그렇다고 믿음이 곧 비이성적인 것은 아니라고 주장했다.

믿음과 이성은 서로 적대적이지 않다. 아우구스티누스와 토마스 아퀴나스는 모든 진리는 하나님의 진리이며, 또한 모든 진리는 정점에서 서로 만난다고 믿었다. 하나님은 자신의 진리를 성경뿐만 아니라 우리가 '자연 계시'라 일컫는 것을 통해서도 계시하신다. 창세기 1, 2장은 하나님이 만물의 창조주시라고 증언한다. 시편 저자 또한 말한다. "하늘이 하나님의 영광을 선포하고 궁창이 그의 손으로 하신 일을 나타내는도다"(시 19:1).

로마서에서 바울은 창조된 만물을 통해 하나님의 보이지 않는 속성, 곧 인간의 시각으로 관측할 수 없는 하나님의 속성이 알려진다고 말했다(롬 1:20). 다시 말해 보이지 않는 하나님에 관한 지식이 보이는 것을 통해 드러난다는 뜻이다. 피조 세계 자체가 창조주의 존재를 증거한다. 따라서 우주의 본질에 대한 이해와 아무도 본 적 없는 우주의 기원에 대한 이해는 서로 상충되지 않는다.

지금은 고인이 된 천문학자이자 물리학자인 칼 세이건 박사와 있었던 일이다. 우리는 신학과 철학적 우주 생성론의 문제를 다룬 출판물을 두고 각자의 의견을 제시했다. 세이건 박사는 '빅뱅설'에 관해 말하며, 과학적 장치를 통해 빅뱅이 일어났던 10억 분의 1초의 순간으로 돌아갈 수 있다고 말했다. 나는 물었다.

"그렇다면 그전으로 거슬러 올라가 봅시다. 빅뱅이 일어나기 전에 무엇이 있었을 거라고 생각하십니까? 박사님께서는 모든 물질과 에너지가 지극히 작은 하나의 점, 즉 조직적 체계를 갖춘 비활동 상태의 점으로 무한한 세월 압축되어 있다가 어느 날 갑자기 폭발하기로 결정한 것처럼 말했습니다. 나는 어떤 존재가 그 폭발을 시도했는지, 어떤 외부의 힘이 그 비활동 상태를 깨뜨렸는지 알고 싶습니다."

박사는 대답했다.

"거기까지는 알 수 없습니다. 또 그것을 알 필요도 없습니다."

나는 말했다.

"아닙니다. 박사님은 그 사실을 알아야 합니다. 왜냐하면 빅뱅이 원인 없이 일어났다고 가정한다면, 그것은 과학이 아닌 마술을 주장하는 것이니까요."

문제는 그 사건을 관찰한 과학자가 존재하지 않는다는 데 있다. 창조를 목격한 증인은 아무도 없다. 우리가 보는 것들을 토대로 우주의 기원을 연역해내든지, 아니면 하나님께서 허락하신 초자연적 계시를 믿든지 해야 한다(하나님의 계시는 우리가 알고 있는 물질세계보다 앞선다). 나는 두 가지 길 가운데 어느 하나를 선택하든 결론은 똑같을 것이라 믿는다.

히브리서 저자는 "믿음으로 모든 세계가 하나님의 말씀으로 지어진 줄을 우리가 아나니 보이는 것은 나타난 것으로 말미암아 된 것이 아니니라"(히 11:3)라고 말했다. 이 말씀은 곧 "보이는 것은 보이는 것에서 비롯하지 않았다."는 뜻이다. 과학적 분석을 하다 보면, 즉 우리가 볼 수 있는 것에서부터 위로 거슬러 올라가다 보면 어느 시점에 이르러서는 눈에 보이는 모든 것의 궁극적 원인, 곧 눈에 보이지 않는 비물질적 원인의 필연성이 대두되기 마련이다. 이것이 역사적으로 신학자들이 '무로부터의 창조'를 제시했던 이유이다.

물론 이 말은 창조가 무에서 저절로 이루어졌다는 뜻이 아니다. 하나님께서는 무가 아닌 존재이시기 때문이다. 영원히 자존하시는 하나님께서 우주의 궁극적 원인이시다. 그분은 만물을 존재하게 하셨다.

'무로부터의 창조'는 토기장이가 진흙으로 아름다운 그릇을 빚어내듯 하나님께서 이미 존재하는 물질을 재구성하거나 재배열하셨다는 뜻과는 거리가 멀다. 하나님께서는 무에서 물질 세상을 창조하셨다. 만일 하나님께서 이미 존재하는 물질로 세상을 창조하셨다면 그 물질은 물리적 원인을 요구하고, 그 물리적 원인은 또 다시 물리적 원인을 요구하는 끊임없는 과정이 영원히 반복될 것이다. 이것은 불합리하다. 보이는 것은 나타난 것으로 말미암아 된 것이 아니다.

따라서 믿음으로 창조를 이해한다는 히브리서 11장 3절은 결국 하나님의 말씀을 믿어야 한다는 뜻이다. 우리는 창조 당시에 존재하지 않았지만 하나님은 존재하셨고 우리에게 창조에 관한 진실을 깨우쳐 주셨다. 그분께서는 "창조는 이렇게 이루어졌다. 곧 내가 우주를 만들었다. 나는 스스로 존재하는 자다. 나는 나 스스로 존재할 능력이 있다. 나는 영원하다. 나는 영원하지 않은 유한한 우주를 만든 창조주다. 유한한 우주는 나의 창조 능력을 통해 만들어졌다. 내가 '빛이 있으라'고 명령하자 빛이 있었다."라고 말씀하신다.

우리가 사는 세상이 하나님의 말씀으로 설계되고 형성되고 창조되었다는 사실을 이해하려면 성경을 신뢰해야 한다. 보이는 것은 보이는 것에서 비롯되지 않았다. 스스로의 존재 원인을 자체적으로 설명할 수 있는 능력을 지닌 존재는 우주 어디에도 없다. 실제로 존재를 분석하면 할수록 존재가 유한하고 일시적이라는 사실만 더욱 분명해질 것이다.

하나님을 알기에 하나님을 신뢰한다

하나님께서는 '믿음의 조상'(롬 4:16 참조)으로 알려진 아브라함에게 장래 일을 말씀하셨다. "너는 너의 고향과 친척과 아버지의 집을 떠나 내가 네게 보여 줄 땅으로 가라 내가 너로 큰 민족을 이루고 네게 복을 주어 네 이름을 창대하게 하리니 너는 복이 될지라 너를 축복하는 자에게는 내가 복을 내리고 너를 저주하는 자에게는 내가 저주하리니 땅의 모든 족속이 너로 말미암아 복을 얻을 것이라 하신지라"(창 12:1-3).

아브라함은 하나님을 신뢰했다. 그는 갈 바를 알지 못했으나 자신이 보지 못한 미래와 나라를 향해 나갔다. 신약성경은 "그가 하나님이 계획하시고 지으실 터가 있는 성을 바랐음이라"(히 11:10)고 증언한다.

그는 해적들이 훔친 보물이 어딘가 동굴에 감추어졌다는 전설을 믿고 그 보물을 찾아 나선 보물 사냥꾼이 아니다. 아브라함은 하나님께서 보여 주시겠다고 약속하신 땅을 찾아 나아갔다. 그는 아직 그 땅을 보지 못했지만 하나님을 믿었고, 그 믿음 때문에 믿음의 조상이 되었다. 우리도 아브라함처럼 이 세상에서 하늘나라, 곧 하나님이 설계하고 지으신 도성을 향해 나아가는 나그네요, 여행자다. 우리는 그 성을 보지 못했지만 그곳이 존재한다는 것을 안다. 그것이 사실임을 입증하는 증거는 그 성을 허락하겠다고 약속하신 하나님을 신뢰하는 믿음이다.

이것이 믿음의 본질이다. 믿음은 단순히 하나님의 존재를 믿는 것이 아니라 하나님을 신뢰하는 것이다. 신앙생활은 바로 하나님을 신뢰하고 그분의 입에서 나온 모든 말씀을 붙잡고 사는 것이다(신 8:3, 마 4:4). 우리는 하나님이 누구신지 알기에 우리가 본 적이 없는 곳, 우리가 경험한 적이 없는 상황, 우리가 가본 적이 없는 나라를 향해 기꺼이 나아간다. 그것이 바로 믿음이다.

성경은 이런 믿음을 어린아이와 같은 믿음이라고 표현했다. 유치한 믿음이 아니라 어린아이와 같은 믿음이다. 어린아이는 무엇이 안전하고 무엇이 위험한지 잘 구별하지 못한다. 다만 부모의 손을 잡고 그들이 이끄는 대로 따라간다. 횡단보도 앞에 선 아이는 빨간불과 파란불의 차이를 알지 못한다. 그러나 부모가 그들을 인도한다. 부모가 멈추면 그들도 멈추고 부모가 차도에 발을 내려놓고 횡단보도를 건너면 그들도 그렇게 따라간다. 아이가 부모를 의지하는 이유는 그들이 부모의 보호 아래 있기 때문이다.

안타깝게도 세상에는 자녀가 보내는 신뢰를 무참히 짓밟는 악한 부모들도 있다. 그들은 자녀를 심하게 때리고 심지어는 죽이기까지 한다. 그러나 대부분의 경우 자녀가 부모에게 신뢰를 보내는 것은 어리석은 일이 아니다. 마찬가지로 우리도 하나님께서 우리를 보살피신다는 사실을 알고 그분을 신뢰해야 한다. 그분은 우리를 재난으로 인도하지 않으신다. 어린아이 같은 믿음이란 우리를 자녀로 여기시는 하나님의 인격을 신뢰하는 것이다.

신앙생활은 믿음의 순례다. 하나님께서 우리 마음에 믿음을 주실 때부터 신앙생활은 시작된다. 신앙생활의 첫걸음은 그리스도를 구주로 믿고 의지하는 것이다. 다른 모든 과정도 똑같이 믿음과 신뢰를 통해 지속된다. 이처럼 신앙생활의 전 과정은 믿음으로 사는 삶으로 정의된다(골 2:6). 하나님께서 하박국 선지자에게 "의인은 그의 믿음으로 말미암아 살리라"고 말씀하신 이유가 이것이다.

하박국 선지자는 하나님께서 자기 백성을 이교도의 발에 짓밟히도록 방치하시는 이유를 도무지 이해할 수 없었다. 그는 망루에 올라가 하나님께서 분명히 말씀하시기를 지켜보며 기다리겠다고 말했다.

> "내가 내 파수하는 곳에 서며 성루에 서리라 그가 내게 무엇이라 말씀하실는지 기다리고 바라보며 나의 질문에 대하여 어떻게 대답하실는지 보리라 하였더니 여호와께서 내게 대답하여 이르시되 너는 이 묵시를 기록하여 판에 명백히 새기되 달려가면서도 읽을 수 있게 하라 이 묵시는 정한 때가 있나니 그 종말이 속히 이르겠고 결코 거짓되지 아니하리라 비록 더딜지라도 기다리라 지체되지 않고 반드시 응하리라 보라 그의 마음은 교만하며 그 속에서 정직하지 못하나 의인은 그의 믿음으로 말미암아 살리라"
> (합 2:1-4).

"의인은 그의 믿음으로 말미암아 살리라"는 말씀은 언뜻 별다른 의미를 담지 않은 듯 보인다. 그러나 이 말씀은 신약성경에 세 차례나 인용되었고(롬 1:17, 갈 3:11, 히 10:38), 바울 서신의 중심 주제 가운데 하나다. 이 말씀은 선택받은 백성이 하나님을 신뢰하며 살아갈 때 그분이 기뻐하신다는 뜻을 담고 있다.

하나님은 하박국에게 "네 질문에 대답해 주겠다. 그러나 당장은 아니다. 너는 기다려야 한다. 그리고 기다리는 동안 응답이 반드시 주어질 것을 믿어라."라는 뜻으로 말씀하셨다. 그리고 곧바로 정직하지 못한 교만한 악인의 특징을 말씀하신 후 의인의 특징을 뚜렷하게 대조하셨다. 악인은 보이지 않는 하나님의 약속을 믿고 기다리지 않는다. 믿음이 있는 의인과는 사뭇 다른 모습이다. 하나님의 약속은 더딜지라도 반드시 이루어진다. 하나님이 보시기에 의인이란 곧 믿음으로 사는 사람이다.

예수님은 광야에서 사탄에게 시험받으실 때 "의인은 그의 믿음으로 말미암아 살리라"는 말씀을 다른 방식으로 풀어 적용하셨다. 그분은 사탄에게 사람이 떡으로만 살 것이 아니요 하나님의 입에서 나오는 모든 말씀으로 살 것이라고 대답하셨다(마 4:4). 하나님의 입에서 나오는 말씀대로 산다는 것과 믿음으로 산다는 것은 똑같은 의미다. 하나님의 말씀에 복종하고 몸과 영혼과 삶을 모두 그분께 의탁하며 그분의 가치와 가르침과 말씀을 기꺼이 받아들이는 것이 곧 믿음의 삶이다.

참된 믿음은 본질적으로 이성적이다.
믿음은 하나님의 약속과 성품을 신뢰하는 것이기 때문이다.
그리스도인의 지성은 이러한 확신에 기초하며
이러한 확신을 반영한다.

_ 존 스토트, *Your Mind Matters: The Place of the Mind in the Christian Life*

2 믿음으로 사는 것은 무엇인가?

/

실존주의 철학자이자 그리스도인이었던 쇠렌 키르케고르는 19세기 유럽 문화에 부정적인 태도를 취했다. "사람들로 우리 시대가 악하다고 불평하게 두라. 나는 우리 시대가 하찮다고 불평하리라."[1] 그의 말은 열정적인 믿음이 결여된 시대를 지적한 것이다. 그는 실망스런 심정을 달래기 위해 구약성경으로 돌아갔다. "최소한 거기에서는 사람들이 말을 한다. 거기에서는 사람들이 미워하고 사랑하며 원수들을 죽이고 그 후손들을 대대로 저주하며 죄를 짓는다."[2] 물론 키르케고르는 그런 악한 행위들을 좋아하지 않았다. 그는 단지 구약성경의 성도들은 온갖 다툼과 소동이 벌어지는 생생한 삶의 현장 속에서 믿음으로 살았다고 말한 것이다.

나도 키르케고르처럼 구약성경을 살펴보며 믿음으로 사는 것이 무엇인지 생생히 보여 주는 사례를 찾고자 한다. 히브리서 저자도

---

1 Søren Kierkegaard, *Either/Or: A Fragment of Life*(London: Penguin Books, 1992), 48.
2 Ibid.

마찬가지였다. 그는 믿음의 명예의 전당에 올릴 만한 많은 신앙 위인을 소개했는데(히 11:4-40), 그들을 살펴보면 믿음의 본질을 이해하는 데 큰 유익이 될 것이다.

아벨의 믿음 : 진정한 예배

믿음의 명예의 전당은 신앙 위인 가운데 가장 초창기 인물인 아벨에서부터 시작한다. "믿음으로 아벨은 가인보다 더 나은 제사를 하나님께 드림으로 의로운 자라 하시는 증거를 얻었으니 하나님이 그 예물에 대하여 증언하심이라 그가 죽었으나 그 믿음으로써 지금도 말하느니라"(히 11:4).

이 말씀에서 우리는 믿음이란 미래와 관련해 하나님을 신뢰하는 차원, 또는 창조와 같은 과거의 사건이나 우리 눈에 보이지 않는 것들에 대한 진리를 성경을 통해 확신하는 차원이 아님을 알 수 있다. 곧 믿음은 하나님의 명령을 받들어 살아가도록 이끌어 주는 수단인 것이다. 좀 더 자세히 알아보자.

아벨은 가인보다 나은 제사를 드렸다. 창세기를 보면 가인과 아벨이 모두 하나님께 제사를 드렸다는 내용이 나온다(창 4:3-7). 하나님은 아벨의 제사는 받으셨지만 가인의 제사는 거부하셨다. 어떤 사람들은 하나님께서 둘에게 태도를 달리하신 이유가 아벨은 동물 제사를 드린 반면, 가인은 "땅의 소산"으로 제사를 드렸기 때문이라고 주장한다. 그러나 성경은 하나님께서 동물 제사만 받으신다고 가르치지 않는다. 구약성경은 곡식으로 제사를 드린 경우를 빈번하게 언급하고 있다. 따라서 희생 제물의 차이 때문에 하나님께서 아벨의 제사는 받으시고 가인의 제사는 거부하셨다고 결론 짓는 것은 온당하지 않다. 히브리서 11장에서 아벨이 칭송을 받은 이유는 그가 동물 제사를 드렸기 때문이 아니라 믿음으로 제사를 드렸기 때문이다.

구약성경을 살펴보면 하나님께서 제단에 제물을 가져오는 사람의 마음을 보신다는 것을 알 수 있다. 구약 시대의 이스라엘 백성들은 단지 형식적으로 제물을 바치는 위선적인 태도를 취하는 일이 매우 잦았다. 하나님께서는 그들을 향해 "내가 너희 절기들을 미워하여 멸시하며 너희 성회들을 기뻐하지 아니하나니"(암 5:21)라고 말씀하셨다.

하나님께서는 불충실한 태도로 종교 의식만을 거행하는 것을 기뻐하지 않으신다. 그러나 그런 일은 언제든지 일어난다. 사람들은 매주 교회에 나오지만 하나님께 마음을 드리지 않고 단지 종교 의식만을 치른다. 그들은 믿음이 없이, 하나님과의 인격적인 교통도 없이 그저 배우가 연극을 하듯 종교 행위를 일삼을 뿐이다.

그러나 아벨은 제물을 드릴 때 감사와 찬양의 제사를 드렸다. 그는 하나님을 영화롭게 하기를 원했다. 그는 하나님을 사랑하고 그분을 의지하며 복종하려고 애썼다. 그것은 진정한 예배 행위였다. 그러나 가인은 위선적인 태도로 제물을 바쳤다. 제사를 드린 직후 가인의 실체가 곧 드러났다. 그는 하나님이 동생 아벨의 제사만 받으시자 큰 질투심을 느끼고 그 분노를 이기지 못해 아벨을 살해했다. 가인은 그런 악한 행위를 통해 스스로 믿음이 없다는 사실을 여실히 드러냈다. 그러나 아벨은 믿음의 삶을 살았다.

에녹의 믿음 : 하나님을 기쁘시게

히브리서 11장 5절은 "믿음으로 에녹은 죽음을 보지 않고 옮겨졌으니 하나님이 그를 옮기심으로 다시 보이지 아니하였느니라 그는 옮겨지기 전에 하나님을 기쁘시게 하는 자라 하는 증거를 받았느니라"고 증언한다.

에녹의 이야기는 아벨의 이야기 바로 다음에 나온다. 에녹은 하나님을 기쁘시게 했기에 죽음 없이 세상을 떠났다. 히브리서 저자는 하나님을 기쁘시게 하는 것과 믿음의 관계를 이렇게 설명했다. "믿음이 없이는 하나님을 기쁘시게 하지 못하나니 하나님께 나아가는 자는 반드시 그가 계신 것과 또한 그가 자기를 찾는 자들에게 상 주시는 이심을 믿어야 할지니라"(6절).

하나님의 존재를 믿지 않으면 그분께 나아갈 수 없다. 당연한 일이다. 그렇지 않은가? 하나님께서 존재하시고, 그분께서 자기를 찾는 이들에게 상 주시는 분임을 믿지 않는다면 그분을 기쁘시게 하려고 노력할 수 없다. 에녹은 믿음에 충실한 다른 모든 사람들처럼 하나님을 기쁘시게 하려고 노력했다. 이처럼 믿음은 사람의 마음을 움직여 하나님을 영화롭게 하는 삶을 살도록 이끈다.

복음서에서도 이 사실을 확인할 수 있다. 예수님은 각자 자기 길을 가다가 하나님께 영광을 돌리기 위해 돌아온 사람들을 보시고 그들의 믿음을 칭찬하셨다. 그분의 존재를 믿지 않는다면, 그리고 그분께서 영광을 받을만한 자격이 있다고 믿지 않는다면, 그런 귀찮은 일을 할 리가 없기 때문이다.

설문 조사에 따르면 미국 사람들 가운데 많은 사람이 하나님의 존재를 믿는 것으로 나타났다. 그러나 그 수치는 사실 별 의미가 없다. 그 설문 조사는 대개 다음과 같은 질문을 던진다. "인간보다 더 위대하고 강력한 힘을 지닌 지고한 존재를 믿습니까?" 인간보다 더 강력한 힘을 지닌 존재는 누구라도 믿을 수 있다. 하다못해 우주 먼지조차 인간보다 더 강력한 힘을 지닌다. 그러나 그것이 하나님은 아니다. 만일 설문에서 "하나님을 기쁘시게 하며 그분을 위해 살기 원하십니까?"라고 묻는다면 그렇게 하겠다고 대답하는 사람들의 숫자는 훨씬 줄어들 것이다.

실천적인 면에서 본다면 무신론자로 분류될 사람들이 적지 않다. 이론상으로는 신의 존재를 믿지만 삶에서는 무신론자처럼 행동하는 사람들, 곧 하나님이 기뻐하시는 삶을 살지 못하는 사람들이 허다하다. 그들이 하나님을 기쁘시게 하는 삶을 살지 못하는 이유는 그분이 우리의 관심을 받으시기에 합당하다고 여기지 않기 때문이다.

어떤 사람이 실제로 무엇을 믿는지 궁금하다면 그의 수표책을 살펴보라. 예수님께서는 "너희 보물 있는 곳에는 너희 마음도 있으리라"(눅 12:34)고 말씀하셨다. 자신의 마음이 어디에 있는지 알고 싶다면 재물을 어떻게 사용하는지 살펴보라. 당신은 하나님 나라와 자신의 나라 중 어느 곳에 재물을 투자하는가? 믿음으로 사는 사람은 사람이 아니라 하나님을 기쁘시게 하는 삶을 산다. 에녹의 믿음이 칭찬을 받는 이유는 그가 최선을 다해 하나님을 기쁘시게 하려고 노력했기 때문이다. 이것이 바로 믿음이 있는 사람이 취하는 삶의 태도이다.

노아의 믿음 : 그리스도 때문에 어리석은 자

히브리서 11장에 소개된 세 번째 신앙 위인은 노아다. "믿음으로 노아는 아직 보이지 않는 일에 경고하심을 받아 경외함으로 방주를 준비하여 그 집을 구원하였으니 이로 말미암아 세상을 정죄하고 믿음을 따르는 의의 상속자가 되었느니라"(7절). 하나님은 큰 홍수로 인류의 죄를 벌하겠다고 노아에게 경고하시면서, 큰 방주를 준비해 가족과 동물들을 구원하라고 명령하셨다(창 6장). 노아는 "경외함으로" 하나님의 명령을 빈틈없이 이행했다.

노아가 방주를 짓기까지는 오랜 시간이 걸렸다. 성경학자들은 노아가 동시대인에게 많은 조롱과 비웃음을 샀을 것이 틀림없다고 말한다. 언젠가 빌 코스비가 노아로 분장한 코미디를 본 적이 있다. 노아가 사막 한복판에서 방주를 짓는데 친구들이 그 곁을 지나며 물었다.

"노아, 지금 무엇을 하고 있나?"

노아가 대답했다.

"방주를 짓고 있다네."

"왜 방주를 짓는가?"

"홍수가 날 것이기 때문일세."

여기서 코스비는 노아가 "틀림없이 홍수가 날걸세."라고 대답했을 때 샀을 법한 조소를 포착한 것이다. 사막에서 방주를 짓다니 정말 어리석은 일 같다. 그러나 노아는 하나님을 믿었고, '그리스도 때문에 어리석은 자'(고전 4:10)가 되기를 조금도 주저하지 않았다. 그는 세상의 판단이 아니라 하나님의 판단을 신뢰했다. 그가 인류를 구원할 방주를 지을 수 있던 것은 믿음으로 살았기 때문이다.

성경은 노아의 그런 행동이 '세상을 정죄했다'고 말한다. 그의 충실함은 동시대인의 불충실함을 밝히 드러냈다. 그는 믿음을 통해 "믿음을 따르는 의의 상속자"가 되었다.

아브라함의 믿음 1 : 순종

히브리서 11장은 아벨, 에녹, 노아의 믿음을 언급한 뒤 아브라함을 소개한다. 앞 장에서 말한 대로 아브라함은 '믿음의 조상'으로 불린다. 8절을 보자. "믿음으로 아브라함은 부르심을 받았을 때에 순종하여 장래의 유업으로 받을 땅에 나아갈새 갈 바를 알지 못하고 나아갔으며."

'믿음'과 '순종'이 나란히 연결된 것에 주목하라. 하나님의 명령에 순종하며 사는 삶이 믿음의 본질이다. 아브라함이 믿음의 조상으로 불리는 이유는 그가 복종하는 삶을 살았기 때문이다. 하나님께서는 아브라함이 이방 땅에 사는 동안에도 그에게 나타나시어 그를 큰 민족의 조상이 되게 하겠다고 약속하셨다. 창세기 15장 6절은 "아브람이 여호와를 믿으니 여호와께서 이를 그의 의로 여기시고"라고 말한다.

바울은 아브라함이 행위가 아닌 믿음으로 의롭다 하심을 받은 사람들의 위대한 표상이라고 역설했다(롬 4:17). 그리스도 안에서 발견되는 하나님의 약속을 믿으면 그 즉시 의롭다 하심을 얻는다. 아브라함도 하나님의 약속을 믿었기에 의롭다 하심을 얻었다. 아브라함은 복종을 통해 자신의 믿음을 구체적으로 보였다. 야고보는 아브라함이 이삭을 제물로 바치는 복종의 행위를 통해 믿음의 열매를 보여 주었다고 증언했다(약 2:21).

히브리서 저자는 아브라함이 갈 바를 알지 못했지만 하나님의 부르심에 믿음으로 기꺼이 복종했다고 말했다. 우리는 얼마든지 이 이야기를 부풀려 실제보다 더 경건해 보이도록 만들 수 있다. 그러나 굳이 그렇게까지 할 필요가 없다. 아브라함의 상황을 정확히 이해하는 것만으로도 충분하다.

하나님의 부르심이 있을 무렵 아브라함은 나이가 많았다. 그는 갈대아 지역에 깊이 뿌리를 내리고 살고 있었다. 그의 가족들이 모두 그곳에 있었고 그의 재산도 마찬가지였다. 그곳은 그의 기업이 있는 곳이었다. 그러나 하나님은 나이든 그에게 "그 땅에서 나와라. 네가 안락하게 지내는 그곳을 떠나라. 내가 너를 낯선 이방 땅의 나그네로 만들리라. 그곳이 어디인지는 앞으로 보여 주겠다."고 말씀하셨다.

아브라함은 주저 없이 짐을 꾸려 고향을 떠났다. 아브라함이 이방 땅으로 이주한 것은 위대한 믿음의 행위였다. 이것이 히브리서 저자가 "믿음으로 그가 이방의 땅에 있는 것 같이 약속의 땅에 거류하여 동일한 약속을 유업으로 함께 받은 이삭 및 야곱과 더불어 장막에 거하였으니 이는 그가 하나님이 계획하시고 지으실 터가 있는 성을 바랐음이라"(9, 10절)고 말한 이유이다.

믿음의 사람 아브라함과 그의 아들과 손자들의 삶은 한 가지 뚜렷한 특징을 지닌다. 아브라함은 나그네의 삶을 살았다. 그는 영구적인 거주지 없이 천막생활을 했다. 그의 자손인 이스라엘 백성도 그런 생활을 해야 했다. 그들은 반(半) 유목민이었다. 이스라엘 백성은 가축 떼를 기르기 위해 날씨의 변화에 따라 이곳저곳으로 거처를 옮겨 다녔다. 그들은 풀이 자라는 곳을 찾아 떠돌았기 때문에 집이라고 부를 수 있는 영구적인 거주지를 정할 수 없었다.

아브라함은 세상의 성을 짓기보다 하나님께서 친히 지으실 성을 바라며 기다렸다. 그는 단지 거할 땅 이상의 것을 추구했다. 예수님께서 "너희가 내 말에 거하면 참으로 내 제자가 되고 진리를 알지니 진리가 너희를 자유롭게 하리라"(요 8:31, 32)고 말씀하시자 바리새인들은 그 말을 불쾌히 여기며 "우리가 아브라함의 자손이라 남의 종이 된 적이 없거늘 어찌하여 우리가 자유롭게 되리라 하느냐"(33절)고 대꾸했다. 그러자 예수님은 "너희가 아브라함의 자손이면 아브라함이 행한 일들을 할 것이거늘 …… 너희 조상 아브라함은 나의 때 볼 것을 즐거워하다가 보고 기뻐하였느니라"(39, 56절)고 말씀하셨다. 예수님은 히브리서 저자와 똑같은 말씀을 하신 셈이다. 아브라함은 약속의 땅을 바라보았을 뿐 아니라 모든 약속을 온전히 이루실 구원자를 고대했다.

로마서에서 바울은 믿음으로 의롭다 하심을 얻는 교리를 가르치면서, 구원이 어떤 식으로 이루어지는지 입증하기 위해 아브라함을 '증거 제1호'로 제시했다. 그는 구약 시대 사람들도 오늘날의 사람들과 똑같은 방식으로 구원을 얻었다고 설명했다. 이스라엘 백성이 구원받는 방식과 새 언약의 공동체에 속하는 그리스도인들이 구원받는 방식은 조금도 다르지 않다. 지금도 믿음으로 의롭다 하심을 얻고, 과거에도 믿음으로 의롭다 하심을 얻었다. 구약 시대의 구원의 근거 역시 소나 염소의 공로가 아닌 그리스도의 공로였다. 소나 염소의 피는 죄를 없애지 못한다(히 10:4, 11). 그러한 희생제사는 그리스도의 보혈을 상징하는 예표일 뿐이다(히 9:13, 14). 그것은 장차 오실 메시아를 예시하는 그림자였다. 오직 그분의 보혈만이 죄를 없앨 수 있다.

아브라함과 우리는 시간상의 위치가 다를 뿐이다. 다시 말해 아브라함은 미래의 십자가를 바라보았고, 우리는 과거의 십자가를 바라본다. 그는 약속을 믿었고, 우리는 성취된 약속을 믿는다. 오늘날 우리에게나 그때의 아브라함에게나 구원의 길은 동일하다.

믿음 안에서 죽은 사람들

히브리서 저자는 이제 아브라함의 아내 사라를 언급한다. "믿음으로 사라 자신도 나이가 많아 단산하였으나 잉태할 수 있는 힘을 얻었으니 이는 약속하신 이를 미쁘신 줄 알았음이라 이러므로 죽은 자와 같은 한 사람으로 말미암아 하늘의 허다한 별과 또 해변의 무수한 모래와 같이 많은 후손이 생육하였느니라"(히 11:11, 12).

사라도 그 남편처럼 하나님을 미쁘신 분으로 알았다. 이것이 바로 역동적인 믿음이다. 앞서 말한 대로 믿음은 단순히 하나님의 존재를 믿는 것이 아니라 하나님을 신뢰하는 것이다.

또한 믿음은 하나님의 충실하심을 믿는 것이다. 믿음이 충실한 사람은 온전히 충실하신 하나님을 의지하기 마련이다. 사라는 그러한 믿음을 보여 주었다. 오늘날에도 마찬가지다. 오직 하나님만이 절대적인 신뢰를 바칠 수 있는 분임을 깨달은 사람은 그분을 온전히 신뢰한다.

히브리서 저자는 신앙 위인들 소개하기를 잠시 멈추고 다음과 같은 설명을 덧붙였다. "이 사람들은 다 믿음을 따라 죽었으며 약속을 받지 못하였으되 그것들을 멀리서 보고 환영하며 또 땅에서는 외국인과 나그네임을 증언하였으니 그들이 이같이 말하는 것은 자기들이 본향 찾는 자임을 나타냄이라 그들이 나온 바 본향을 생각하였더라면 돌아갈 기회가 있었으려니와 그들이 이제는 더 나은 본향을 사모하니 곧 하늘에 있는 것이라 이러므로 하나님이 그들의 하나님이라 일컬음 받으심을 부끄러워하지 아니하시고 그들을 위하여 한 성을 예비하셨느니라"(히 11:13-16).

이 말씀은 앞서 소개한 신앙 위인들의 경험을 요약한다. 그들은 공통점이 많다. 그들은 믿음 안에서 죽었다. 그들은 자신을 나그네로 만든 약속이 온전히 성취되는 것을 보지 못하고 죽었다. 하나님은 아브라함에게 그로 큰 민족의 조상이 되게 하겠다고 약속하셨다. 우리는 가나안을 '약속의 땅'이라 부른다. 가나안은 아브라함과 그의 후손들에게 약속되었다. 그러나 갈대아를 떠난 아브라함이 일평생 떠돌이로 살다 결국 얻은 땅은 고작 그의 무덤이 된 막벨라 굴뿐이었다. 그것은 아브라함이 물려받을 기업 가운데 극히 적은 일부였지만, 그는 장래에 하나님의 약속이 온전히 성취될 것을 바라보고 믿었다.

아브라함의 믿음 2 : 부활의 능력을 믿음

히브리서 저자는 아브라함의 믿음에서 또 다른 특징을 발견하고 위대한 족장이었던 그의 믿음을 또다시 높이 평가한다. "아브라함은 시험을 받을 때에 믿음으로 이삭을 드렸으니 그는 약속들을 받은 자로되 그 외아들을 드렸느니라 그에게 이미 말씀하시기를 네 자손이라 칭할 자는 이삭으로 말미암으리라 하셨으니 그가 하나님이 능히 이삭을 죽은 자 가운데서 다시 살리실 줄로 생각한지라 비유컨대 그를 죽은 자 가운데서 도로 받은 것이니라"(히 11:17-19).

그리스도의 순종적인 희생을 제외한다면, 지극한 경외심에서 우러나온 믿음의 행위 가운데 가장 위대한 행위는 이삭을 희생 제물로 바치라는 하나님의 명령에 기꺼이 복종했던 아브라함의 믿음일 것이다. 이 사건은 하나님께서 이삭을 통해 후손을 번성하게 하겠다는 약속을 주신 후에 일어났다. 더욱이 하나님은 아브라함을 오랜 세월 기다리게 한 끝에 비로소 이삭을 허락하신 터였다.

기다리는 동안 아브라함은 아내 사라의 제안을 받아들여 대리모를 통해 약속을 이룰 아들을 낳으려고 시도했다. 사라는 자신에게 임신 능력이 없다는 사실을 알고 몸종인 하갈을 남편에게 주어 후손을 잇게 했다. 하갈은 이스마엘이라는 아들을 낳았지만 그는 약속의 아들이 아니었다. 하나님은 여러 해를 더 기다리게 하신 뒤 비로소 임신 능력이 없는 늙은 사라의 태를 열어 이삭이라는 아들을 낳게 하셨다(이 아들이 이삭이라는 이름을 얻게 된 이유는 사라가 웃었기 때문인데, 히브리어 '이삭'은 곧 '웃음'을 뜻한다). 아브라함의 모든 희망과 운명이 그 아들에게 걸려 있었다.

그런데 하나님은 아브라함에게 "네 아들 네 사랑하는 독자 이삭을 데리고 모리아 땅으로 가서 내가 네게 일러 준 한 산 거기서 그를 번제로 드리라"(창 22:2)고 명령하셨다. 아브라함은 두렵고 떨리는 마음으로 이삭을 데리고 사흘 동안 여행했다. 길을 가는 도중 이삭이 "내 아버지여…… 불과 나무는 있거니와 번제할 어린 양은 어디 있나이까"(7절)라고 묻자 아브라함은 "내 아들아 번제할 어린 양은 하나님이 자기를 위하여 친히 준비하시리라"(8절) 하고 대답했다.

이 대목을 읽다 보면 마치 아브라함이 자신 있게 "아들아, 아무 걱정 말거라. 산에 도착하면 하나님께서 우리에게 어린 양을 주실 것이다."라고 경건한 믿음을 자랑이라도 한 것처럼 느껴진다. 그러나 그렇지 않다. 아브라함은 속으로 몹시 두려워하고 있었다. 그는 "하나님은 어떻게 내게 이런 일을 명령하셨을까? 어떻게 이런 시간에, 이런 장소에서 그런 일을 하게 하신단 말인가?"라고 의아해했을 것이 틀림없다. 그러나 그는 자신이 이삭을 죽이면 하나님께서 그를 다시 살리실 것이라 믿고 그분을 신뢰했다(히 11:19).

아브라함은 하나님께서 지시하신 산으로 가서 제단을 만들고 나무를 펼친 다음 이삭을 묶었다. 그가 막 칼을 들어 이삭을 죽이려는 순간 하나님께서 개입하셨다. "그 아이에게 네 손을 대지 말라 그에게 아무 일도 하지 말라 …… 내가 이제야 네가 하나님을 경외하는 줄을 아노라"(창 22:12). 이는 참으로 절대적인 믿음을 보여 주는 이야기가 아닐 수 없다. 이보다 더 큰 믿음은 성경에서 오직 그리스도의 믿음밖에 없다.

아브라함의 후손들 : 믿음의 유산

히브리서 저자는 이어서 아브라함의 후손들을 소개한다. "믿음으로 이삭은 장차 있을 일에 대하여 야곱과 에서에게 축복하였으며"(히 11:20). 에서는 이삭의 장자였지만 장자권을 가볍게 여겨 야곱에게 팔아넘겼다(창 25:34). 야곱은 교묘한 속임수와 술수를 사용했지만 하나님의 주권적인 계획 아래(창 25:23) 크나큰 축복을 받았다(창 27:27-29). 히브리서 저자는 "믿음으로 야곱은 죽을 때에 요셉의

각 아들에게 축복하고 그 지팡이 머리에 의지하여 경배하였으며"(히 11:21)라고 덧붙였다.

그다음은 요셉인데 그를 소개하는 글은 단 한 문장이다. "믿음으로 요셉은 임종시에 이스라엘 자손들이 떠날 것을 말하고 또 자기 뼈를 위하여 명하였으며"(22절). 구약성경의 인물 가운데 믿음으로 산 사람을 꼽는다면 단연 요셉을 빼놓을 수 없다. 왜냐하면 홀로 있는 상황에서도 철저히 믿음을 지켰기 때문이다. 그의 곁에는 히브리 신앙을 지닌 동포가 단 한 사람도 없었다. 그는 이국땅에서 거짓 고소를 당해 부당한 형을 선고받고 감옥에 갇혔지만 감옥에서도 하나님을 의지했다. 하나님께서는 나중에 그를 감옥에서 구해내셨을 뿐 아니라 그를 당대에 가장 위대한 제국이었던 애굽의 재상으로 만드셨다.

요셉은 후에 자기 가족들을 애굽에 불러 살게 했다. 그런데 임종할 때 그는 장래에 자기 민족이 애굽을 떠나 약속의 땅에 가게 될 것을 알았다. 어떻게 알았을까? 그것은 그가 하나님의 약속을 알았기 때문이다. 요셉은 애굽이 약속의 땅이 아니라는 사실을 알았다. 그래서 이스라엘이 애굽을 떠날 것을 미리 내다보고 자신의 유골을 애굽에서 가져다가 약속의 땅에 안치하라는 유지를 남긴 것이다. 요셉의 유언은 곧 "내가 이 세상에 사는 동안에는 그곳에 갈 수 없을 것이다. 그러나 내 유골을 다시 파내어 약속의 땅에 묻어 주기를 바란다."라고 말한 것이다.

모세의 부모 : 하나님의 섭리를 믿음

히브리서 11장에 기록된 신앙 위인들의 역사는 23절에 접어들면서 출애굽 사건으로 이어지기 시작한다. "믿음으로 모세가 났을 때에 그 부모가 아름다운 아이임을 보고 석 달 동안 숨겨 왕의 명령을 무서워하지 아니하였으며." 모세의 부모는 애굽에서 노예 생활을 하던 암울한 시기에 믿음을 실천했다. 그들은 자신의 가장 소중한 재산을 하나님의 섭리에 맡기는 놀라운 믿음을 보여 주었다.

생각해 보라. 바로는 히브리인 사내아이가 태어나면 모두 죽이라고 명령했다. 하지만 모세의 어머니는 모세의 폐가 충분히 발육해 울음소리가 이웃에 들릴 때까지 그를 숨겨 키웠다. 그리고 마침내는 갈대로 바구니를 만들어 꼼꼼히 역청을 바른 뒤 모세를 그 안에 넣고 나일 강에 띄워 보냈다. 그녀는 하나님의 섭리를 믿고 바구니를 나일 강에 띄운 것이다. 하나님은 바로의 딸이 바구니를 발견해 모세를 양자로 삼아 궁궐에서 왕자로 기르도록 인도하셨다. 한 어머니의 믿음으로 인해 참으로 놀라운 역사가 일어났다.

모세의 믿음 : 상 주심을 바라봄

히브리서 11장은 이제 모세에게 초점을 맞춘다. "믿음으로 모세는 장성하여 바로의 공주의 아들이라 칭함 받기를 거절하고 도리어 하나님의 백성과 함께 고난 받기를 잠시 죄악의 낙을 누리는 것보다 더 좋아하고 그리스도를 위하여 받는 수모를 애굽의 모든 보화보다 더 큰 재물로 여겼으니 이는 상 주심을 바라봄이라"(24-26절).

히브리서 저자는 이 간단한 말로 모세가 내린 획기적인 삶의 결단을 요약했다. 우리는 무엇을 근거로 결단을 내리는가? 우리가 결단을 내릴 때 기준이 되는 가치 체계는 무엇인가? 모세는 하나를 취하면 하나를 버려야 하는 상황에서 결단을 해야 했다. 생각해 보라. 모세는 자라면서 궁궐의 풍요로움과 수준 높은 교육과 높은 신분과 온갖 특권을 향유했다. 그리고 바로의 궁궐에 살면서 온갖 호사와 편안함을 만끽했다. 그러나 모세는 인생의 기로에서 사치스런 애굽의 궁궐로 돌아가지 않고 '하나님의 백성과 함께 고난 받는 길'을 선택했다.

그렇다면 모세는 언제 그런 결정을 내렸을까? 그것은 그가 히브리 동족 중 한 사람이 애굽 사람에게 잔인하게 두들겨 맞는 것을 보고 그를 도우려고 나섰던 순간에 이루어졌다. 그는 그 애굽 사람을 죽였고 그 순간부터 옛 삶으로 다시 돌아갈 수 없었다. 그는 망명길에 올라 미디안 광야로 도망쳤다. 그는 "잠시 죄악의 낙을 누리는 것보다" 처참한 가난의 삶을 선택했다.

죄는 결코 사람을 행복하게 할 수 없다. 죄는 쾌락을 줄 뿐 행복을 절대 줄 수 없다. 쾌락과 행복을 혼동하는 순간 원수 마귀의 유혹에 쉽게 노출될 수밖에 없다. 죄의 쾌락은 일시적이다. 쾌락은 신속히 사라진다. 모세는 영원과 현재 사이, 곧 잠시 누리는 죄의 쾌락과 항상 무한한 가치를 지니는 그리스도의 고난 사이에서 자신의 길을 선택했다.

사람들이 미디안 광야에서 근근이 생계를 유지하는 모세를 보며 "한때 바로의 궁궐에서 살던 사람이 아니요? 그런데 지금 여기서 무엇을 하고 있소?"라고 묻는 광경이 눈에 선하다. 아마도 모세는 "나는 믿음으로 사는 중이요."라고 대답했을 것이다. 히브리서 저자의 말대로 그는 "그리스도를 위하여 받는 수모를 애굽의 모든 보화보다 더 큰 재물로" 여겼다. 상 주심을 바라보았기 때문이다.

내가 아직 신학생일 때 다니던 신학교의 예배 설교를 맡은 적이 있다. 나는 죄를 주제로 말씀을 전했는데 설교를 마치고 나자 사람들의 반응이 크게 두 가지로 나뉘었다. 먼저 나와 같은 학생들은 잘했다며 칭찬의 말을 건넸다. 그러나 교수들은 크게 화를 냈다. 교수님들 가운데 한 사람은 실제로 나를 벽에 밀어붙이기까지 하며 성경을 왜곡했다고 비난했다.

나는 성경을 왜곡했다는 비난을 뒤집어쓰고 싶지 않았다. 그래서 신뢰하는 교수님 가운데 한 분을 찾아가 물었다.

"모 교수님이 제가 성경을 왜곡했다고 하시던데 제가 정말 그랬습니까?"

나는 몹시 격앙되어 몸이 부들부들 떨렸다. 그런 비난을 들으니 너무 무서웠다. 그런데 그 교수님은 크게 웃으시며 이렇게 말했다.

"자네 참 큰 축복을 받았구먼!"

나는 영문을 몰라 이유를 물었다. 그러자 그 교수님은 다음과 같이 대답했다.

"자네가 조금 전에 전한 것이 하나님의 순전한 말씀인 것을 알지 못하는가? 자네는 방금 벌집을 건드린 셈일세. 사람들이 자네를 미워하는 것은 그리스도 때문이라네. 자네는 막 그리스도의 고난을 맛보았네. 이것이 자네가 늘 간직해야 할 가장 큰 보물이지."

그때 나와 그 교수님의 차이는 이것이었다. 그 교수님은 모세와 같은 믿음이 있었지만, 나는 없었다. 나는 단지 나를 위해 살기 원했을 뿐이다. 나는 신앙의 초년병에 지나지 않았지만 그 교수님은 모세처럼 하나님의 일을 이해했다.

믿음의 싸움을 싸우라

히브리서 11장은 계속해서 믿음의 본보기를 차례로 소개한다.

"믿음으로 [모세는] 애굽을 떠나 왕의 노함을 무서워하지 아니하고 곧 보이지 아니하는 자를 보는 것 같이 하여 참았으며 믿음으로 유월절과 피 뿌리는 예식을 정하였으니 이는 장자를 멸하는 자로 그들을 건드리지 않게 하려 한 것이며 믿음으로 그들은 홍해를 육지 같이 건넜으나 애굽 사람들은 이것을 시험하다가 빠져 죽었으며 믿음으로 칠 일 동안 여리고를 도니 성이 무너졌으며 믿음으로 기생 라합은 정탐꾼을 평안히 영접하였으므로 순종하지 아니한 자와 함께 멸망하지 아니하였도다 내가 무슨 말을 더 하리요 기드온, 바락, 삼손, 입다, 다윗 및 사무엘과 선지자들의 일을 말하려면 내게 시간이 부족하리로다 그들은 믿음으로 나라들을 이기기도 하며 의를 행하기도 하며 약속을 받기도 하며 사자들의 입을 막기도 하며 불의 세력을 멸하기도 하며 칼날을 피하기도 하며 연약한 가운데서 강하게 되기도 하며 전쟁에 용감하게 되어 이방 사람들의 진을 물리치기도 하며 여자들은 자기의 죽은 자들을 부활로 받아들이기도 하며 또 어떤 이들은 더 좋은 부활을 얻고자 하여 심한 고문을 받되 구차히 풀려나기를 원하지 아니하였으며 또 어떤 이들은 조롱과 채찍질뿐 아니라 결박과 옥에 갇히는 시련도 받았으며 돌로 치는 것과 톱으로 켜는 것과 시험과 칼로 죽임을 당하고 양과 염소의 가죽을 입고 유리하여 궁핍과 환난과 학대를 받았으니 (이런 사람은 세상이 감당하지 못하느니라) 그들이 광야와 산과 동굴과 토굴에 유리하였느니라"(27-38절).

오늘날 우리는 거지가 말을 타고 왕자가 누더기를 걸치는 뒤죽박죽인 세상에 살고 있다. 히브리서 11장에 언급된 신앙 위인들은 세상이 감당하지 못하는 사람들이었다. 그들은 톱에 잘려 죽고 돌에 맞아 죽고 온갖 고난과 시련을 당하면서 광야와 산과 동굴과 토굴에서 살았다. 무엇보다도 그들은 생전에 하나님의 약속이 이루어지는 것을 보지 못했다.

히브리서 저자는 "이 사람들은 다 믿음으로 말미암아 증거를 받았으나 약속된 것을 받지 못하였으니 이는 하나님이 우리를 위하여 더 좋은 것을 예비하셨은즉 우리가 아니면 그들로 온전함을 이루지 못하게 하려 하심이라"(39, 40절)고 말했다. 다시 말해 그들이 우리를 위해 기다려야 했다는 뜻이다. 만일 하나님께서 구원 사역을 50년 전이나 30년 전, 아니 10년 전에 끝마치셨다면 어땠을까? 우리 가운데 얼마나 많은 사람이 하나님 나라에 들어가지 못했을지 궁금하다.

우리 조상들은 우리를 위해 말로 다 할 수 없는 시련을 견뎠다. 우리는 그들이 남긴 믿음의 행적을 자주 돌아볼 필요가 있다. 그런데 우리는 교회사와 성경의 역사를 무시하고, 믿음의 조상들이 생명과 재산과 건강을 희생해 지켜낸 것들을 너무 가볍게 여기는 경향이 있다.

16세기에 어둠 속에서 복음을 건지기 위해 치러야 했던 희생을 생각하면 21세기가 시작된 지금, 그런 문제들이 너무도 경홀히 취급되는 이 상황을 도무지 이해하기 어렵다. 우리가 복음의 은혜를 전혀 이해하지 못하거나 하나님의 백성의 역사에 관해 아무것도 모르거나 둘 중 하나인 것은 분명하다. 선조들이 우리를 위해 감수했던 희생을 우리가 기꺼이 감수하지 않는다면 그들의 피가 땅속에서 울부짖을 것이다. 하나님께서는 겁쟁이들만 가득한 교회를 결코 존귀하게 여기지 않으실 것이다.

승리하는 교회가 되려면 먼저 싸우는 교회가 되어야 한다. 교회는 목숨을 걸고 기꺼이 영적 전쟁을 시작해야 한다. 교회의 역사를 돌아보면, 신앙의 용사들이 그들 삶의 대부분을 감옥에서 보냈을 때 복음이 가장 명확하고 찬란하게 빛을 발했다. 그런데 이 세상의 안락함에 깊이 젖은 우리는 세상에서 외국인이요 나그네로 살아갔던 사람들처럼 살기보다 세상에서 편안하게 사는 것을 더 좋아한다.

히브리서 11장을 결론짓는 말씀이 있다. 그런데 그 말씀은 12장의 서두에 기록되어 있다. 나는 성경에서 "이러므로"라는 말로 시작하는 장을 볼 때마다 이상하다는 생각이 든다. 왜냐하면 "이러므로"는 앞서 말한 내용의 결론을 이끌어내는 접속사이기 때문이다. 히브리서 12장이 그런 경우다.

히브리서 12장 1, 2절은 유익한 결론을 제시한다. "이러므로 우리에게 구름 같이 둘러싼 허다한 증인들이 있으니 모든 무거운 것과 얽매이기 쉬운 죄를 벗어 버리고 인내로써 우리 앞에 당한 경주를 하며 믿음의 주요 또 온전하게 하시는 이인 예수를 바라보자."

히브리서 저자가 신앙 위인들을 언급한 후 "믿음의 주요 또 온전하게 하시는 이인 예수를 바라보자 그는 그 앞에 있는 기쁨을 위하여 십자가를 참으사 부끄러움을 개의치 아니하시더니 하나님 보좌 우편에 앉으셨느니라"(2절)고 말하는 것이 흥미롭지 않은가? 다음 장에서는 예수님께서 믿음의 주요 온전하게 하시는 분이라는 말이 무슨 의미인지 살펴보겠다.

3 무엇이 구원을 얻는 믿음인가?

언젠가 식당 종업원과 대화를 나누다 특히 겨울에는 플로리다에 사는 것이 참 좋다는 이야기가 나왔다. 그 종업원은 "저는 북쪽 출신이지만 제 영혼의 구원이 걸렸다 해도 북쪽으로 돌아갈 마음은 없습니다."라고 말했다. 나는 "그 점에서는 저와 생각이 다르군요. 저도 북쪽에 가고 싶은 마음은 없지만, 만일 제 영혼이 구원을 얻는다면 조금도 망설이지 않고 갈 것입니다."라고 대답했다.

우리는 "내 영혼을 구원하기 위해서라면 이렇게 하겠다. 저렇게 하지 않겠다."는 식으로 농담 섞인 말을 건넬 때가 많다. 그런 표현을 사용하는 사람들은 그 말의 진정한 의미를 이해하지 못하는 것이 분명하다. 그들은 실제로 영혼 구원에 관심이 있는 것이 아니라 그저 사람들이 흔히 말하는 방식을 따를 뿐이다.

이와는 대조적으로 17세기의 사람들과 교회는 영혼 구원에 지대한 관심을 기울였다. 성경이 가르치는 구원의 조건을 상세히 제시하는 『웨스트민스터 신앙고백』은 그런 관심을 여실히 반영한다. 『웨스트민스터 신앙고백』 14장의 제목은 '구원 얻는 믿음에 대하여'

인데 "믿음의 은혜, 곧 선택받은 자들이 믿어 영혼의 구원에 이르게 하는 은혜는 그들 마음속에 나타나는 그리스도의 영의 사역이다."라는 말로 서두를 시작한다.

첫마디에 주의를 기울이라. 『웨스트민스터 신앙고백』은 단지 믿음이라 말하지 않고 "믿음의 은혜"라는 표현을 사용했다. 믿음을 은혜로 일컬은 이유는 믿음이 하나님의 선물이기 때문이다. 신학에서는 믿음을 '아무 자격 없는 사람에게 하나님께서 값없이 베푸시는 호의'로 정의한다. 믿음은 하나님의 은혜로운 선물이다. 간단히 말해 사람이 구원받는 것은 하나님께서 그 영혼이 구원받도록 믿을 수 있는 힘을 주시기 때문이다. 믿음은 인간의 업적이 아니다. 타락한 인간은 본성적으로 믿음을 가질 수 없다.

신학에서 많은 논란을 일으키는 문제가 여기서 발생한다. 성경이 한편으로는 하나님께서 믿음을 요구하신다고 가르치고, 다른 한편으로는 하나님께서 초자연적인 역사로 믿게 하시지 않으면 구원을 얻는 믿음을 가질 수 없다고 가르치기 때문이다.

거듭남이 먼저인가, 믿음이 먼저인가

이단 펠라기우스와 히포의 아우구스티누스 사이에 불거진 고대의 논쟁에 잠시 주의를 집중해 보자. 아우구스티누스는 "오, 주님. 주님께서 명령하신 것을 허락하시고, 주님께서 원하시는 것을 명령하소서."라고 기도했다. 펠라기우스는 이 기도의 전반부를 인정하지 않았다. 그는 "하나님께서 요구하시는 것을 왜 하나님께 허락해 달라고 기도하는가?"라고 물었다.

펠라기우스의 말에는 "하나님께서 사람에게 무언가를 요구하셨다면, 사람 스스로가 그 요구에 응할 능력을 갖추고 있어야 마땅하다. 그렇지 않다면 하나님은 정의롭지 않을 뿐더러 의롭지도 않은 것이다."라는 의미가 담겨 있다. 펠라기우스는 하나님께서 사람에게 완전을 요구하셨다면, 사람은 은혜의 도움 없이 완전해질 능력을 갖춘 것이 틀림없다고 결론지었다. 그러나 아우구스티누스는 "하나님께서 요구하신 것이 충족되도록 우리를 돕지 않으시면 우리는 그분을 기쁘시게 할 수 없다."라고 말했다.

이 논쟁은 원죄 교리에 관한 것이다. 아우구스티누스는 부패한 본성을 지닌 타락한 인간, 곧 마음에 믿음을 일으킬 능력이 결여된 인간에게 하나님께서 믿음을 요구하셨다고 말했다. 타락하기 전 아담은 초자연적인 은혜의 도움 없이 하나님께 믿음으로 복종할 수 있었지만, 타락한 후에는 그 능력을 상실해 하나님의 요구에 응하려면 은혜의 도움이 절대적으로 필요하게 되었다는 것이다.

『웨스트민스터 신앙고백』은 이러한 아우구스티누스의 신학에 근거한다. 그중 구원을 얻는 믿음에 대해 설명하는 14장은 아우구스티누스의 가르침과 교회의 역사적 전통에 따라, 하나님을 기쁘시게 하는 믿음은 인간이 스스로의 힘으로 만들어낼 수 없다고 진술한다. 우리가 구원을 얻는 믿음을 가지려면 성령께서 우리 마음의 성향을 변화시키셔야 한다고 정리한다.

개혁주의 신학은 '구원 서정'(ordo salutis)에 관해 말한다. 구원 서정이란 인간이 구원받는 데 필요한 사건들의 논리적인 순서를 가리킨다. 예를 들어 우리는 믿음으로 의롭다 하심을 얻는다고 말한다. 그러므로 칭의의 논리적인 전제 조건은 믿음이다. 구원의 순서에서 믿음은 칭의 앞에 온다. 즉 믿음은 칭의의 결과가 아니다. 오히려 칭의가 믿음의 결과이다. 그렇다면 믿음 앞에는 무엇이 올까? 구원의 순서에 따르면 믿음 앞에 오는 사건은 중생이다.

중생은 흔히 '거듭남', '새 탄생', '재탄생' 등으로 불린다. 중생은 마음의 성향을 변화시키는 성령의 초자연적인 사역이다. 구약성경은 타락한 인간의 마음이 돌과 같고 그 마음의 계획이 항상 악하다고 진술한다(겔 11:19, 20, 창 6:5 참조). 중생은 성령께서 영적으로 죽은 사람에게 찾아와 그를 영적으로 살아나게 하실 때 일어난다. 성령의 역사로 인해 돌 같은 마음(하나님의 일에 무감각해 반응하지 못하는 마음)이 변해 하나님의 일에 반응하려는 소원이 일어난다.

이것이 예수님께서 니고데모에게 "사람이 거듭나지 아니하면 하나님의 나라를 볼 수 없느니라 …… 사람이 물과 성령으로 나지 아니하면 하나님의 나라에 들어갈 수 없느니라"(요 3:3, 5)고 가르치신 말씀의 의미다. 여기서 "~하지 않으면"이라는 표현은 '필요조건'

을 가리킨다. 예수님께서는 니고데모에게 "인간이 하나님의 나라를 보거나 그곳에 들어가려면 반드시 무엇인가 일어나야 한다."고 말씀하신 것이다. 예수님께서 니고데모에게 말씀하신 필요조건은 바로 성령으로 거듭나는 것이었다.

중생은 '다시 태어난다'는 뜻이다. 중생은 새로운 시작, 새로운 발생(genesis)이다. 우리는 영적 생명은 없고 생물학적 생명만을 지닌 채 세상에 태어난다. 영적 생명이 살아나려면 우리의 마음속에 성령의 초자연적인 역사가 일어나야 한다.

흔히들 거듭나려면 믿음이 있어야 한다고 생각한다. 마치 믿음이 중생보다 먼저라는 듯 말이다. 그런 생각의 이면에는 타락한 상태, 즉 육신 안에 있어 죄와 허물로 죽은 상태에서도 믿음을 통해 새롭게 태어날 능력이 있다는 의미가 숨어 있다. 이것은 신약성경이 가르치는 중생의 교리와 충돌한다.

인간은 영적으로 죽어 있는 상태이기에 스스로의 힘으로는 결코 하나님의 일에 관심을 기울일 수 없다. 예수님께서는 "내 아버지께서 오게 하여 주지 아니하시면 누구든지 내게 올 수 없다"(요 6:65)고 말씀하셨다. 같은 복음을 듣고도 어떤 사람은 믿음으로 반응하고 어떤 사람은 그렇지 않다. 그 궁극적인 이유는 전자의 경우 성령의 거듭나게 하시는 역사가 일어난 반면, 후자의 경우 그렇지 않았기 때문이다.

이 교리의 난해한 지점은 성령께서 모든 사람을 거듭나게 하시지 않는다는 사실에 있다. 이 문제로 인해 많은 사람이 걸려 넘어진다. 구원을 얻는 믿음은 성령의 선물이고 그 선물이 있어야만 구원을 받을 수 있다고 하나님은 말씀하신다. 그렇다면 하나님께서는 왜 그 선물을 모두에게 주시지 않는 걸까?

하나님께서 허락하시는 가장 큰 선물

이 문제는 우리를 선택 교리로 인도한다. 『웨스트민스터 신앙고백』 14장은 구원을 얻는 믿음을 선택과 연결시킨다. "믿음의 은혜, 곧 선택받은 자들이 믿어 영혼의 구원에 이르게 하는 은혜는 그들 마음속에 나타나는 그리스도의 영의 사역이다." 이 말은 곧 모두가 신자가 될 수 없으며, 오직 하나님께서 믿는 능력을 주기로 작정하신 사람들만 신자가 될 수 있다는 뜻을 함축한다. 이것이 선택 교리의 핵심이다.

바울은 이 교리를 신자들에게 설명하면서 그들이 실망할 것을 예측했다. "그런즉 우리가 무슨 말을 하리요 하나님께 불의가 있느냐 그럴 수 없느니라"(롬 9:14). 우리는 하나님께서 은혜를 베푸실 자에게 은혜를 베푸신다는 것을 기억하고, 은혜의 선물을 모두에게 나눠 주시기를 요구해서는 안 된다(출 33:19, 롬 9:15 참조). 하나님께서 베푸시는 가장 큰 은혜는 믿음의 선물을 허락하시는 것이다.

에베소서 2장은 이 주제와 관련된 가장 중요한 본문 가운데 하나다. 바울은 에베소서 2장을 이렇게 시작한다. "그는 허물과 죄로 죽었던 너희를 살리셨도다 그 때에 너희는 그 가운데서 행하여 이 세상 풍조를 따르고 공중의 권세 잡은 자를 따랐으니 곧 지금 불순종의 아들들 가운데서 역사하는 영이라 전에는 우리도 다 그 가운데서 우리 육체의 욕심을 따라 지내며 육체와 마음의 원하는 것을 하여 다른 이들과 같이 본질상 진노의 자녀이었더니"(1-3절).

이 말씀은 신자들 역시 타락하고 부패한 본성을 인류와 공유하지만, 하나님의 말로 다 할 수 없는 은혜로 다시 생명을 얻어, 육신의 정욕과 마음의 소원을 따라 사는 데서 돌이켰다는 것이다. 한마디로 신자는 다른 모든 사람과 마찬가지로 본성상 진노의 자녀요, 죽어 있는 상태였지만 그 가운데서 구원을 받은 사람들이다.

바울은 계속해서 말한다. "긍휼이 풍성하신 하나님이 우리를 사랑하신 그 큰 사랑을 인하여 허물로 죽은 우리를 그리스도와 함께 살리셨고 (너희는 은혜로 구원을 받은 것이라) 또 함께 일으키사 그리스도 예수 안에서 함께 하늘에 앉히시니 이는 그리스도 예수 안에서 우리에게 자비하심으로써 그 은혜의 지극히 풍성함을 오는 여러 세대에 나타내려 하심이라"(4-7절). 그리고 "너희는 그 은혜에 의하여 믿음으로 말미암아 구원을 받았으니 이것은 너희에게서 난 것이 아니요 하나님의 선물이라"(8절)고 덧붙인다.

모든 신학적 논쟁은 "**이것은** 너희에게서 난 것이 아니요"라는 바울의 말에 집중된다. 우리에게서 나지 않은 '이것'은 과연 무엇일까? 은혜일까, 아니면 믿음일까?

많은 신자는 이렇게 말한다. "은혜 없이 믿음을 가질 수 없는 것은 분명하다. 은혜는 우리에게서 나오지 않는다. 은혜는 하나님에게서 나온다. 따라서 우리는 은혜의 도움을 필요로 한다. 그러나 누구는 구원받고 누구는 구원받지 못하는 이유는 전자만이 제시된 은혜를 받아들였고 후자는 거부했기 때문이다." 이처럼 사람들은 제시된 은혜를 받아들일 때 구원을 받는다는 의미로 이 구절을 이해한다. 그러고는 은혜의 제시만이 하나님에게서 비롯되는 것이라 생각한다.

그러면 "이것은 너희에게서 난 것이 아니요"라는 말씀은 대체 어떤 의미일까? 이것은 은혜를 가리킬까, 아니면 믿음을 가리킬까?

헬라어 문법 규칙에 따르면 이 문제에 대해 가능한 대답은 오직 하나뿐이다. 이 문장의 문법 구조를 분석하면 '이것'이라는 지시대명사의 선행사는 '믿음'이 분명하다. 바울이 말하는 것은 우리는 믿음을 통해 은혜로 구원받으며, 또 우리를 구원한 이 믿음은 우리에게서 난 것이 아니라 하나님의 선물이라는 것이다.

우리는 하나님의 풍성하신 긍휼로 구원을 얻었다. 우리를 구원한 그 믿음조차도 우리의 육신과 의지에서 비롯된 것이 아니라 하나님의 초자연적인 개입에 의한 결과이다. 이 사실을 생각한다면 우리는 마땅히 무릎을 꿇고 하나님께 감사와 찬양을 돌려야 한다.

구원의 은혜를 경험한 사람들의 증언은 모두 똑같다. 우리는 우리의 힘으로 그리스도를 영접하지 않았다. 하나님의 일을 거부하는 상태에서 하나님의 일을 받아들이는 상태로 우리가 변하게 된 것은 성령의 내적 사역이 있었기 때문이다. 그분은 우리를 살리셨고 믿음의 선물을 주셔서 그리스도를 믿게 하셨다.

주님, 당신이 제게 믿음을 주셔서
인간으로 오신 당신의 아들의 혜택을 입으며
당신의 설교자로 살게 하셨습니다.
이것이 당신을 향한 저의 믿음입니다.

_아우구스티누스 *Confessions*

4 어떻게 믿음은 강화되는가?

/

감리교의 설립자 존 웨슬리는 자신의 회심이 성직자가 된 이후에 이루어졌다고 증언했다. 그는 런던의 올더스게이트(Aldersgate)에서 열린 집회에서 로마서를 본문으로 한 설교를 들었다. 전에도 수없이 들었던 성경 말씀이었지만 그날따라 그 말씀을 듣는 순간 갑자기 마음이 '이상하게 뜨거워지는 것'을 느꼈다. 그는 이 신앙 체험을 자신의 회심으로 간주했다.

아우구스티누스도 그와 비슷했다. 방탕한 삶을 일삼던 그는 어느 날, 정원에서 놀이를 하는 아이들의 소리와 함께 "톨레 레게, 톨레 레게"(*tolle lege, telle lege*, '집어 들어 읽어라'라는 뜻)라는 소리를 듣고는 성경을 펼쳤다. 그의 눈길이 고정된 곳은 로마서 13장 13, 14절 말씀이었다. "낮에와 같이 단정히 행하고 방탕하거나 술 취하지 말며 음란하거나 호색하지 말며 다투거나 시기하지 말고 오직 주 예수 그리스도로 옷 입고 정욕을 위하여 육신의 일을 도모하지 말라." 하나님의 이 말씀이 갑자기 그의 마음을 뚫고 들어왔고 그는 복음을 받아들였다.

내가 회심할 때도 어떤 젊은 사람이 전도서 11장 3절 말씀을 들려주었다. "구름에 비가 가득하면 땅에 쏟아지며 나무가 남으로나 북으로나 쓰러지면 그 쓰러진 곳에 그냥 있으리라." 아마도 이 말씀을 듣고 회심한 사람은 나 하나밖에 없을 것이다. 나는 숲의 나무가 죽어 땅에 쓰러진 형상, 곧 더는 열매를 맺지도 못하고 아무 짝에도 쓸모없는 상태가 되어 나무가 썩어가는 모습이 꼭 나 자신의 삶을 그대로 보여 주는 것처럼 느껴졌다. 나 자신이 썩은 나무 같았다. 하나님께서는 이 구절을 통해 내게 구원을 얻는 믿음을 일깨워 주셨다.

회심의 경험은 서로 제각기 다르지만 한 가지 공통점을 지닌다. 그것은 바로 말씀의 역할이다. 말씀의 예리하고 날카로운 능력을 통해 성령께서 자신의 삶 속에 역사하셨다고 증언하는 신자들이 헤아릴 수 없이 많다. 성령께서 믿음을 주시고 또 믿음을 강화시키는 수단이 성경이기 때문이다.

믿음은 들음에서 시작된다

앞 장에서 우리는 에베소서 2장을 살펴보았다. 거기서 바울은 믿음이 하나님의 선물이라고 밝혔는데, 1장에서는 선택과 양자 됨(Adoption)을 연결시킨다. 3-6절을 읽어보자. "찬송하리로다 하나님 곧 우리 주 예수 그리스도의 아버지께서 그리스도 안에서 하늘에 속한 모든 신령한 복을 우리에게 주시되 곧 창세 전에 그리스도 안에서 우리를 택하사 우리로 사랑 안에서 그 앞에 거룩하고 흠이 없게 하시려고 그 기쁘신 뜻대로 우리를 예정하사 예수 그리스도로 말미암아 자기의 아들들이 되게 하셨으니 이는 그가 사랑하시는 자 안에서 우리에게 거저 주시는 바 그의 은혜의 영광을 찬송하게 하려는 것이라."

선택은 하나님의 주권적인 뜻에 따라 미리 결정된 것으로 그분께서 베푸시는 은혜와 긍휼의 극치다. 하나님께서는 영원 전에 그리스도 안에서 일부 사람을 선택하셔서 그리스도의 형상, 그의 영광을 본받은 그의 작품으로 만들기로 작정하셨다. 결론부터 말하자면, 믿음 없이는 하나님께서 우리를 받아들이실 수 없다. 때문에 하나님께서는 우리에게 믿음의 선물을 주셔서 의롭다 하심을 받도록 하신다. 바울은 이 대목에서 그런 요구 조건을 충족시키는 하나님의 은혜와 긍휼의 영광스러움을 언급하고 있다.

에베소서 1장 13절에서 바울은 "그 안에서 너희도 진리의 말씀 곧 너희의 구원의 복음을 듣고 그 안에서 또한 믿어 약속의 성령으로 인치심을 받았으니"라고 말한다. 우리는 거듭나 하나님의 말씀을 듣고 믿어 의롭다 하심을 받았다. 그로써 우리는 하나님의 자녀가 되고 성령의 인치심을 받는다. 우리 안에서 이루어지는 하나님의 구원 사역은 그런 순서로 진행된다.

이 말씀에서 특별히 주목하고 싶은 부분은 그리스도를 믿는 것과 하나님의 말씀을 듣는 것이 서로 밀접하게 관련된다는 사실이다. 우리는 『웨스트민스터 신앙고백』 14장 일부를 살펴본 바 있다. 그 내용을 보면 "믿음의 은혜, 곧 선택받은 자들이 믿어 영혼의 구원에 이르게 하는 은혜는 그들 마음속에 나타나는 그리스도의 영의 사역이다."라고 나온다. 그런데 이 말은 거기에서 그치지 않고 "믿음의 은혜는 …… 통상 말씀의 사역에 의해 생겨난다."고 덧붙인다. 이 표현은 "믿음은 들음에서 나며 들음은 그리스도의 말씀으로 말미암았느니라"(롬 10:17)는 성경 말씀과 일맥상통한다.

앞 장에서 믿음은 중생(우리의 영혼 안에서 이루어지는 성령의 사역)의 결과라고 말했다. 성령 하나님께서 죽은 영혼을 살리시고 믿음의 선물을 주실 때 사용하는 일반적인 수단은 하나님의 말씀이다. 신약성경은 말씀과 성령을 구분하지만 결코 분리하지는 않는다. 성령께서는 말씀을 거스르지 않으시며 말씀과 함께, 말씀을 통해 역사하신다. 하나님께서는 성령의 사역을 통해 말씀 선포가 강력하게 이루어지도록 하신다. 성령은 성경이 기록될 때 영감을 주신 분이다. 그분은 말씀으로 우리를 깨우치시고 우리의 영혼과 마음에 말씀을 적용하신다.

이처럼 믿음은 성령의 역사를 통해 주어지는 하나님의 선물이다. 그리고 말씀은 하나님께서 믿음의 선물을 주실 때 사용하는 일반적인 수단이다. 예수님께서는 성령을 보내시어 죄에 대해, 의에 대해, 심판에 대해 책망하게 하실 것이라 말씀하셨다(요 16:7-11). 성령께서는 말씀을 통해 우리를 책망하신다.

믿음을 강화시키는 은혜의 수단

『웨스트민스터 신앙고백』14장은 "믿음의 은혜는 …… 통상 말씀의 사역에 의해 생겨난다."고 말한 후 "그 은혜는 말씀의 사역과 성례의 집행과 기도를 통해 더 증대되고 강화된다."고 덧붙인다.

개혁주의 신학은 결코 칭의가 증가된다고 말하지 않는다. 칭의는 그리스도의 의를 덧입는 것이기에 우리는 그 의나 공로를 증가시킬 수 없다. 우리는 칭의에 무엇을 보탤 수도 없고 무엇을 뺄 수도 없다. 그러나 성경은 믿음이 성장한다고 가르친다. 믿음은 성장하기도 하고 쇠퇴하기도 한다(물론 구원받은 사람이라면 믿음이 아예 사라지는 경우는 없다).

하나님을 믿는 우리의 믿음은 "내가 믿나이다 나의 믿음 없는 것을 도와 주소서"(막 9:24)라고 부르짖어야 할 만큼 어려운 시기를 거칠 수도 있다. 그리스도를 믿는 우리의 믿음은 다양한 상황 속에서 더 강해질 수도 있고 더 약해질 수도 있다.

『웨스트민스터 신앙고백』의 집필자들은 믿음을 강화할 수 있는 방법을 제시하는 데 관심을 기울였다. 우리를 구원에 이르게 한 믿음은 어쩌면 겨자씨만큼 작을지 모른다. 그러나 그 믿음은 시작이 지극히 미약할지라도 크게 자라 신앙의 결실을 풍성히 맺을 만큼 강해질 수 있다. 믿음의 시작은 하나님의 초자연적인 은혜에 달렸다. 그리고 믿음의 강화는 그분의 거룩하게 하시는 은혜에 달렸다.

이른바 '은혜의 수단'은 우리에게 은혜가 역사하도록 하는 수단이다. 이 수단은 우리의 믿음이 강화되는 데 매우 중요한 역할을 한다. 그렇다면 은혜의 수단에는 무엇이 있을까?

말씀의 사역

우리는 이미 그 가운데 한 가지를 다루었다. 그것은 말씀의 사역이다. 하나님의 말씀을 더 많이 익힐수록 믿음은 더욱 크게 성장한다. 성경 읽기를 소홀히 하면 속된 세상의 사상이 우리의 생각 속에 파고들어 신앙의 열정이 줄어드는 결과가 나타난다. 그럴 때는 다시 말씀으로 돌아가야 한다.

성경을 읽으면서 "그래 맞아. 이 말씀은 진리야."라고 말하는 순간 영혼은 한껏 고양된다. 이것이 우리가 주일마다 교회에 나가 예배에 참여해야 하는 이유다(히 10:24, 25). 하나님의 말씀에 주의를 집중하는 시간이 절대적으로 필요하다.

만일 내가 전한 설교 한 편에 설교 사역의 결과가 모두 달렸다면 나는 큰 절망을 느끼며 사역을 중단했을 것이다. 이전에 교회에서 일주일에 한 시간씩 성경공부반을 지도한 적이 있다. 나는 매주 지난주에 가르쳤던 내용을 물었는데 대다수가 배운 것을 기억하지 못했다. 신학교에서는 학생들에게 과제물을 내주고 책을 읽게 하고 강의 내용을 숙지하게 함으로써 그들이 배운 것을 소화하게 할 수 있었지만, 성경공부반에서는 그렇게 하기가 어려웠다.

이처럼 한 시간에 걸친 교육을 받는 경우에도 대부분 배운 내용을 기억하지 못하는데, 30분 정도 되는 설교를 듣는 경우에는 과연 어떤 결과가 나타날까? 그 정도 분량의 설교가 사람들에게 얼마나 큰 영향을 미칠 수 있을까? 아마 2년 전에 했던 설교를 다시 하더라도 사람들은 그 사실을 눈치채지 못할 것이다. 나로서는 똑같은 설교를 전하는 것이 부담스럽겠지만 사람들은 아무렇지도 않다는 듯 "아, 그 설교를 전에 하셨나요? 아무래도 그때 설교를 듣지 못했나 봐요."라는 식으로 말할 공산이 크다. 이것이 설교자들의 어려움이다.

내가 설교 사역을 포기하지 않는 이유는 하나님께서 설교를 수단으로 삼아 사람들의 믿음을 일깨우고 강화하신다고 확신하기 때문이다. 하나님께서는 자신의 말씀이 헛되이 자신에게 되돌아오지 않을 것이라 말씀하셨다(사 55:11). 일평생 들은 설교 가운데 세 편의 설교도 기억하지 못하는 신자들이 아무리 많다 해도, 또 그들이 하나님의 말씀을 들을 때마다 딴 곳에 정신을 판다 해도 하나님의 말씀은 알게 모르게 그들에게 영향을 미친다. 하나님의 말씀은 은혜의 수단이다.

말씀의 사역은 우리의 믿음에 더할 나위 없이 중요하다. 성경의 진정성을 의심하는 사람들이 신자들에게 큰 위협이 되는 이유가 여기 있다. 심지어 교회의 지도자로 불리는 사람들 가운데도 믿음을 강화시키는 가장 중요한 은혜의 수단에 신자들이 접근하지 못하도록 방해하는 이들이 적지 않다. 우리는 성경을 비판하는 사람들의 말을 듣든지 아니면 직접 성경을 읽고 배우든지 둘 중 하나를 선택해야 한다. 성령께서는 성경을 비판하는 사람들을 통해 사역하겠다고 약속하지 않으셨다. 그분은 우리가 말씀을 읽고 배울 때 우리에게 역사하신다.

믿음의 문제로 고심할 때나 영혼에 어두운 밤이 찾아왔을 때, 또는 하나님의 일을 옳게 받아들이고 있다는 확신이 서지 않을 때 성경에서 돌파구를 찾으라. 성령께서는 성경 말씀을 통해 우리에게 말씀하시고 우리의 영혼에 역사하시며 우리가 구원을 받을 때 허락하신 믿음을 더욱 강화시켜 주신다.

성례와 기도

『웨스트민스터 신앙고백』 14장은 또한 성례를 은혜의 수단으로 제시한다. 세례와 성찬은 말이 아닌 구체적인 행위로 하나님의 말씀을 전달하는 것이다. 성례는 비단 우리의 생각뿐 아니라 감각에까지 복음의 진리가 영향을 미치게 한다. 성례가 믿음을 강화하는 수단인 이유는 하나님의 말씀을 보완하기 때문이다.

『웨스트민스터 신앙고백』 14장에서 맨 마지막에 언급된 은혜의 수단은 기도다. 기도는 우리의 믿음을 강화시키는 가장 중요한 은혜의 수단 가운데 하나다.

기도는 하나님을 유익하게 하는 수단이 아니다. 하나님께서 모르시는 정보가 있어서 우리가 그것을 알려 드리려고 기도하는 것이 아니다. 하나님께서 우주를 좀 더 잘 다스리시도록 우리가 조언을 드리려고 기도하는 것도 아니다. 기도는 우리를 유익하게 하는 수단이다. 기도는 우리로 하여금 하나님과 교통하고 감사와 찬양을 드리며 필요한 것을 아뢰라고 그분께서 친히 마련해 주신 수단이다.

기도를 마치고 무릎을 펴고 일어나면 언젠가 우리의 삶 속에서 하나님의 섭리가 나타나는 것을 볼 수 있다. 다시 말해 하나님께서 우리의 기도에 응답하시는 것을 경험할 수 있다. 그렇다면 기도는 믿음에 어떤 영향을 미칠까? 기도는 믿음을 강화한다. 이것이 기도가 중요한 은혜의 수단인 이유이다.

스스로 믿을 수 없는데 말씀을 왜 들어야 하나?

구원을 얻는 믿음과 하나님의 영원한 선택을 연관시킨 바울의 말은 많은 사람을 혼란스럽게 했다. 일전에 누군가 내게 이런 질문을 했다.

"제가 왜 설교자의 말을 들어야 하고 교회에 나가야 합니까? 제가 선택받았다면 이미 구원받은 것이고, 선택받지 않았다면 구원받지 못한 것 아닙니까? 그렇다면 제가 할 수 있는 일은 아무것도 없는 것 아닙니까?"

나는 대답했다.

"우리가 선택받았다면 우리는 그 사실을 이 세상에서 충분히 알 수 있습니다. 사도 베드로의 말대로 소명과 선택은 얼마든지 확신할 수 있습니다. 그러나 우리가 선택받지 않았다는 사실은 이 세상에서는 확실히 알 수가 없습니다. 왜냐하면 선택을 받아 구원을 얻는 믿음을 갖게 된 사람들도 모두 이 세상에서 믿음이 없던 시기가 있었기 때문입니다."

나는 그에게 웨슬리의 경험을 들려주었다. 웨슬리는 '이상하게 마음이 뜨거워지기' 전에는 신자가 아니었고, 또 그때는 그를 향한 하나님의 선택이 실현되지 않았기 때문에 웨슬리는 자신이 선택받았다고 생각하지 못했을 것이다. 아우구스티누스의 경우도 마찬가지다. 그가 정원에서 성경을 집어 들어 로마서를 펼쳐 읽은 후에야 비로소 그를 향한 하나님의 선택이 실현되었다. 어떤 사람은 임종의 순간이 되어서야 구원을 얻는 믿음에 이르기도 한다. 실제로 임종의 순간에 회심하는 경우가 없지 않다. 그러므로 일생 동안 믿지 않았다고 해서 그 사람이 선택받은 자들 가운데 속하지 않았다고 확신할 근거는 없다.

그는 계속해서 물었다.

"자기 스스로 믿음을 가질 수 없다면 왜 굳이 귀찮은 일을 해야 합니까? 대체 교회는 왜 가야 하는 겁니까?"

나는 대답했다.

"그것이 바로 교회에 가야 할 이유입니다."

나는 그에게 조나단 에드워즈의 가르침을 소개했다. 아마도 에드워즈는 미국에서 태어난 사람 가운데 가장 철저한 예정론자(predestinarian)였을 것이다. 그는 "모든 것이 하나님께 달렸다면 내가 할 수 있는 일은 무엇입니까?"라고 묻는 사람들에게 "구하십시오."라고 대답했다.

여기서 "구하라."는 에드워즈의 말은 그리스도를 사랑하는 사람들이 그분을 더욱 알기 위해 노력하는 것을 가리키지 않는다. 그는 사람들에게 이렇게 말했다.

"여러분은 자신이 선택받았는지 아니면 선택받지 못했는지 알 수 없습니다. 여러분이 알 수 있는 사실은 믿음이 없으면 지옥에 간다는 것입니다. 스스로에게 믿을 수 있는 능력이 있는지 그 답을 알아낸다면 여러분에게 크게 유익할 것입니다. 하나님께서는 복음을 전하는 설교를 통해 사람들에게 구원을 얻는 믿음을 허락하십니다. 따라서 하나님을 사랑하는 마음이 조금도 없고 그 동기가 오직 이기심, 곧 계몽된 이기심(enlightened self-interest)뿐이더라도 은혜의 길을 찾고자 노력하는 것이 현명합니다. 은혜의 수단이 집중되어 있는 곳에 머무십시오. 하나님의 말씀을 전하는 곳에 참여하십시오. 지루하고 싫고 혐오스럽더라도 그렇게 하는 것이 유리할 것입니다. 하나님의 말씀을 듣는 동안 어쩌면 하나님께서 여러분을 긍휼히 여기시어 여러분의 마음을 일깨워 주실지 모릅니다."

나는 이 말이 참으로 지혜로운 조언이라 생각한다. 신자가 아니라고 해서, 곧 자신이 선택받은 자들 가운데 속하지 않았을지 모른다고 해서 할 수 있는 일이 아무것도 없다고 섣불리 결론짓지 말라. 당신의 상태에서 당신이 할 수 있는 일이 있다. 비록 이기적인 동기라 해도 하나님의 말씀이 선포되는 곳에 찾아가 말씀에 귀를 기울이라. 지혜로운 사람이라면 그곳을 찾아 달려갈 것이다.

『웨스트민스터 신앙고백』
14장 구원 얻는 믿음에 대하여
(The Westminster Confession of Faith, 1647)

1. 믿음의 은혜는 택함 받은 자로 능히 믿어 저희의 심령을 구원하게 하는 것인데,[1] 이것은 그리스도의 성령이 저희 마음속에 일으키신 역사요[2] 보통 말씀의 전도로 말미암아 이루어지며[3] 또한 그와 아울러 성례의 집행과 기도로 더 커지고 강화되는 것이다.[4]

2. 이 믿음으로 말미암아 신자는 말씀에 계시된 것은 무엇이나 참된 것으로 믿는데, 그 이유는 성경에서 친히 말씀하시는 하나님의 권위 때문이다.[5] 그는 성경에 있는 매 구절을 따라 구별되게 행동하여 명령에는 순종하고[6] 경고에는 떨며[7] 현세와 내세를 위한 하나님의 약속들을 즐겁게 받아들인다.[8] 그러나 구원을 얻는 믿음의 주요 행위는 오직 그리스도만 받아 영접하고 의지하여 의롭다 하심과 거룩다 하심과 영생을 은혜의 계약의 힘으로[9] 받으려 하는 것이다.

---

1 히 10:39
2 고후 4:13; 엡 1:17-19, 2:8
3 롬 10:14, 17
4 벧전 2:2; 행 20:32; 롬 4:11; 눅 17:5; 롬 1:16, 17
5 요 4:42; 살전 2:13; 요일 5:10; 행 24:14
6 롬 16:26
7 사 66:2
8 히 11:13; 딤전 4:8
9 요 1:12; 행 16:31; 갈 2:20; 행 15:11

3. 이 믿음은 정도의 차이가 있어 약하기도 하고 강하기도 하며[10] 자주 여러 면에서 공격을 받아 약해지기도 하지만 그러나 승리를 얻고[11] 풍성한 확신에 이르도록 여러 면에서 자라가는 것은[12] 우리 믿음의 주요 또 온전케 하시는 이인 그리스도를 통해서이다.[13]

---

10 히 5:13, 14; 롬 4:19, 20; 마 6:30, 8:10
11 눅 22:31, 32; 엡 6:16; 요일 5:4, 5
12 히 6:11, 12, 10:22; 골 2:2
13 히 12:2

PART 3

믿음을
묵상하고 대답하라

/

조나단 에드워즈의 묵상

신앙에 대한 21가지 생각

일러두기

1. Jonathan Edwards, "Concerning Faith" from *The Works of Jonathan Edwards Vol 7* (New York, G. & C. & H. Carvill, 1830)에서 발췌, 편집하였습니다.
2. 이 글에서는 faith를 '신앙'으로, belief를 '믿음'으로 번역하였습니다.

Concerning Faith / 1

"그 날에 그가 강림하사 그의 성도들에게서 영광을 받으시고 모든 믿는 자들에게서 놀랍게 여김을 얻으시리니 이는 (우리의 증거가 너희에게 믿어졌음이라)"(살후 1:10).

"오직 이것을 기록함은 너희로 예수께서 하나님의 아들 그리스도이심을 믿게 하려 함이요 또 너희로 믿고 그 이름을 힘입어 생명을 얻게 하려 함이니라"(요 20:31).

"주께서 사랑하시는 형제들아 우리가 항상 너희에 관하여 마땅히 하나님께 감사할 것은 하나님이 처음부터 너희를 택하사 성령의 거룩하게 하심과 진리를 믿음으로 구원을 받게 하심이니"(살후 2:13).

"이 사람들은 다 믿음으로 말미암아 증거를 받았으나 약속된 것을 받지 못하였으니 이는 하나님이 우리를 위하여 더 좋은 것을 예비하셨은즉 우리가 아니면 그들로 온전함을 이루지 못하게 하려 하심이라"(히 11:39, 40).

―

신앙은 증거를 믿는 것입니다.
신앙은 진리에 동의하는 것입니다(히 11장).
히브리서 11장의 마지막 두 절(39, 40절)은
구원 신앙, 곧 구원을 얻는 믿음을 나타냅니다.

Concerning Faith / 2

"이르시되 때가 찼고 하나님의 나라가 가까이 왔으니 회개하고 복음을 믿으라 하시더라"(막 1:15).

"나는 아버지께서 내게 주신 말씀들을 그들에게 주었사오며 그들은 이 것을 받고 내가 아버지께로부터 나온 줄을 참으로 아오며 아버지께서 나를 보내신 줄도 믿었사옵나이다"(요 17:8).

"그러나 그들이 다 복음을 순종하지 아니하였도다 이사야가 이르되 주여 우리가 전한 것을 누가 믿었나이까 하였으니 그러므로 믿음은 들음에서 나며 들음은 그리스도의 말씀으로 말미암았느니라"(롬 10:16, 17).

—

신앙의 대상은 무엇입니까?
복음, 그리고 예수 그리스도입니다.

Concerning Faith / 3

"영접하는 자 곧 그 이름을 믿는 자들에게는 하나님의 자녀가 되는 권세를 주셨으니"(요 1:12).

"그러면 무엇을 말하느냐 말씀이 네게 가까워 네 입에 있으며 네 마음에 있다 하였으니 곧 우리가 전파하는 믿음의 말씀이라 네가 만일 네 입으로 예수를 주로 시인하며 또 하나님께서 그를 죽은 자 가운데서 살리신 것을 네 마음에 믿으면 구원을 받으리라 사람이 마음으로 믿어 의에 이르고 입으로 시인하여 구원에 이르느니라"(롬 10:8-10).

—

신앙은 그리스도를 영접하는 것입니다.
신앙은 그리스도를 '마음에' 영접하는 것입니다.

Concerning Faith / 4

"어떤 자들이 믿지 아니하였으면 어찌하리요 그 믿지 아니함이 하나님의 미쁘심을 폐하겠느냐 그럴 수 없느니라 사람은 다 거짓되되 오직 하나님은 참되시다 할지어다 기록된 바 주께서 주의 말씀에 의롭다 함을 얻으시고 판단 받으실 때에 이기려 하심이라 함과 같으니라"(롬 3:3, 4).

―

신앙은 신실하신 하나님을 향해
우리 영혼이 지녀야 할
바른 행동입니다.

Concerning Faith / 5

"영생은 곧 유일하신 참 하나님과 그가 보내신 자 예수 그리스도를 아는 것이니이다"(요 17:3).

"하나님과 우리 주 예수를 앎으로 은혜와 평강이 너희에게 더욱 많을지어다 그의 신기한 능력으로 생명과 경건에 속한 모든 것을 우리에게 주셨으니 이는 자기의 영광과 덕으로써 우리를 부르신 이를 앎으로 말미암음이라"(벧후 1:2, 3).

―

신앙에는 하나님에 대한 지식과
그리스도에 대한 지식이 포함됩니다.

Concerning Faith / 6

"여자가 이르되 주여 옳소이다마는 개들도 제 주인의 상에서 떨어지는 부스러기를 먹나이다 하니 이에 예수께서 대답하여 이르시되 여자여 네 믿음이 크도다 네 소원대로 되리라 하시니 그 때로부터 그의 딸이 나으니라"(마 15:27, 28).

"백부장이 벗들을 보내어 이르되 주여 수고하시지 마옵소서 내 집에 들어오심을 나는 감당하지 못하겠나이다 그러므로 내가 주께 나아가기도 감당하지 못할 줄을 알았나이다 말씀만 하사 내 하인을 낫게 하소서 나도 남의 수하에 든 사람이요 내 아래에도 병사가 있으니 이더러 가라 하면 가고 저더러 오라 하면 오고 내 종더러 이것을 하라 하면 하나이다 예수께서 들으시고 그를 놀랍게 여겨 돌이키사 따르는 무리에게 이르시되 내가 너희에게 이르노니 이스라엘 중에서도 이만한 믿음은 만나보지 못하였노라 하시더라"(눅 7:6-9).

"보라 그의 마음은 교만하며 그 속에서 정직하지 못하나 의인은 그의 믿음으로 말미암아 살리라"(합 2:4).

―

신앙의 본질에는
우리 자신의 무가치함을 아는 것이 포함됩니다.
가나안 여인의 믿음과 백부장의 믿음은
이를 잘 보여주고 있습니다.

Concerning Faith / 7

"믿음은 바라는 것들의 실상이요 보이지 않는 것들의 증거니"(히 11:1).

"이 사람들은 다 믿음을 따라 죽었으며 약속을 받지 못하였으되 그것들을 멀리서 보고 환영하며 또 땅에서는 외국인과 나그네임을 증언하였으니"(히 11:13).

"우리가 성령으로 믿음을 따라 의의 소망을 기다리노니"(갈 5:5).

"여호사밧이 서서 이르되 유다와 예루살렘 주민들아 내 말을 들을지어다 너희는 너희 하나님 여호와를 신뢰하라 그리하면 견고히 서리라 그의 선지자들을 신뢰하라 그리하면 형통하리라 하고"(대하 20:20).

―

신앙은 두 가지, 즉 약속을 확신하는 것과
약속을 받아들이는 것으로 이루어집니다.
약속을 믿는 것이 신앙, 혹은 신앙의 큰 부분이며
약속을 의지하는 것이 신앙의 행위입니다.

Concerning Faith / 8

"그러므로 내가 너희에게 알리노니 하나님의 영으로 말하는 자는 누구든지 예수를 저주할 자라 하지 아니하고 또 성령으로 아니하고는 누구든지 예수를 주시라 할 수 없느니라"(고전 12:3).

"예수께서 이르시되 너는 나를 본 고로 믿느냐 보지 못하고 믿는 자들은 복되도다 하시니라"(요 20:29).

"또 어찌하여 옳은 것을 스스로 판단하지 아니하느냐"(눅 12:57).

"오직 사랑 안에서 참된 것을 하여 범사에 그에게까지 자랄지라 그는 머리니 곧 그리스도라"(엡 4:15).

—

신앙은 하나님의 영광과 그 탁월성을
감지(感知, sense)함으로 인해 진리를 믿게 되는 것입니다.
신앙은 그 신적이고 탁월한 것을
영적으로 감지하고 즐김으로 인해 진리를 믿게 되는 것입니다.

Concerning Faith / 9

"하나님의 의를 모르고 자기 의를 세우려고 힘써 하나님의 의에 복종하지 아니하였느니라"(롬 10:3).

"이는 하나님이 거짓말을 하실 수 없는 이 두 가지 변하지 못할 사실로 말미암아 앞에 있는 소망을 얻으려고 피난처를 찾은 우리에게 큰 안위를 받게 하려 하심이라"(히 6:18).

"그가 와서 죄에 대하여, 의에 대하여, 심판에 대하여 세상을 책망하시리라"(요 16:8).

―

신앙은 하나님의 의로우심에 굴복하는 것입니다.
죄인이 도피성으로 피하는 것처럼 그분께 피하는 것입니다.
신앙은 그리스도의 의가 사실이며 충분하다는 것,
그리고 그의 구원 능력과 은혜를 감지하는 것입니다.

Concerning Faith / 10

"예수께서 대답하여 이르시되 네가 만일 하나님의 선물과 또 네게 물 좀 달라 하는 이가 누구인 줄 알았더라면 네가 그에게 구하였을 것이요 그가 생수를 네게 주었으리라"(요 4:10).

"나는 빛으로 세상에 왔나니 무릇 나를 믿는 자로 어둠에 거하지 않게 하려 함이로라 사람이 내 말을 듣고 지키지 아니할지라도 내가 그를 심판하지 아니하노라 내가 온 것은 세상을 심판하려 함이 아니요 세상을 구원하려 함이로라 나를 저버리고 내 말을 받지 아니하는 자를 심판할 이가 있으니 곧 내가 한 그 말이 마지막 날에 그를 심판하리라"(요 12:46-48).

"예수여 당신의 나라에 임하실 때에 나를 기억하소서"(눅 23:42).

—

신앙은 그리스도께 이끌리는 것입니다.
아버지께서 이끄시지 않으면 누구도 그리스도께 올 수 없습니다.
은혜 언약이 값없이 주어졌다는 것은 이렇게 나타납니다.
찾으면 찾게 되며, 구하면 받게 되고,
두드리면 열린다는 조건이 전부입니다.
제가 생각하는 신앙이란
그리스도를 의지해 진심으로 하나님께 구원을 간청하는 것,
즉 '그리스도를 통해' 진심으로 하나님께
구원을 구하게 '되는' 것입니다.

Concerning Faith / 11

"바람을 보고 무서워 빠져 가는지라 소리 질러 이르되 주여 나를 구원하소서 하니 예수께서 즉시 손을 내밀어 그를 붙잡으시며 이르시되 믿음이 작은 자여 왜 의심하였느냐 하시고"(마 14:30, 31).

"내가 또 이 고난을 받되 부끄러워하지 아니함은 내가 믿는 자를 내가 알고 또한 내가 의탁한 것을 그 날까지 그가 능히 지키실 줄을 확신함이라"(딤후 1:12).

"예수께서 또 말씀하여 이르시되 나는 세상의 빛이니 나를 따르는 자는 어둠에 다니지 아니하고 생명의 빛을 얻으리라"(요 8:12).

—

신앙은 생명수를 목말라하는 것입니다(계 21:6).
그리스도는 우리를 구원할 능력이 있으시고,
우리를 구원하기에 충분하시며 적합하심을 믿고
그리스도를 의지하여 구원을 진심으로 구하는 것입니다.
진심으로 그리스도 편에 가담하는 것입니다.
우리는 믿음을 통해 값없이 의롭다 하심을 얻습니다.
우리는 단지 그리스도께 가담함으로써
그리스도에 의해 구원을 얻습니다.
신앙은 우리를 그에게 가담시켜 그의 편이 되도록 설득합니다.

Concerning Faith / 12

"그러므로 여호와께서 듣고 노하셨으며 야곱에게 불 같이 노하셨고 또한 이스라엘에게 진노가 불타 올랐으니 이는 하나님을 믿지 아니하며 그의 구원을 의지하지 아니한 때문이로다"(시 78:21, 22).

"이를 위하여 우리가 수고하고 힘쓰는 것은 우리 소망을 살아 계신 하나님께 둠이니 곧 모든 사람 특히 믿는 자들의 구주시라"(딤전 4:10).

"내가 믿는 자를 내가 알고 또한 내가 의탁한 것을 그 날까지 그가 능히 지키실 줄을 확신함이라"(딤후 1:12).

"내가 하나님의 아들의 이름을 믿는 너희에게 이것을 쓰는 것은 너희로 하여금 너희에게 영생이 있음을 알게 하려 함이라"(요일 5:13, 14).

—

신앙은 그리스도를 신뢰하고
우리 자신을 그리스도께 의탁하는 것입니다.
성경은 많은 곳에서 하나님의 은총과 구원을 위한 조건으로
하나님을 신뢰해야 한다고 말합니다.
또한 그리스도를 믿는 것을 가리켜
말씀을 신뢰하는 것이라 말하기도 합니다.

Concerning Faith / 13

"모든 것이 하나님께로서 났으며 그가 그리스도로 말미암아 우리를 자기와 화목하게 하시고 또 우리에게 화목하게 하는 직분을 주셨으니 곧 하나님께서 그리스도 안에 계시사 세상을 자기와 화목하게 하시며 그들의 죄를 그들에게 돌리지 아니하시고 화목하게 하는 말씀을 우리에게 부탁하셨느니라 그러므로 우리가 그리스도를 대신하여 사신이 되어 하나님이 우리를 통하여 너희를 권면하시는 것 같이 그리스도를 대신하여 간청하노니 너희는 하나님과 화목하라"(고후 5:18-20).

"전에 악한 행실로 멀리 떠나 마음으로 원수가 되었던 너희를 이제는 그의 육체의 죽음으로 말미암아 화목하게 하사 너희를 거룩하고 흠 없고 책망할 것이 없는 자로 그 앞에 세우고자 하셨으니"(골 1:21, 22).

—

신앙은 하나님과 화목하게 되는 것,
복음 안에서 그리스도로 말미암아 자신을 드러내는 것,
그리고 우리 마음이 화목하게 되는 것입니다.
즉, 신앙은 단순한 이해가 아닌
온 영혼을 다해 동의하는 것입니다.

Concerning Faith / 14

"그 말을 받은 사람들은 세례를 받으매 이 날에 신도의 수가 삼천이나 더하더라"(행 2:41).

"하나님께 감사하리로다 너희가 본래 죄의 종이더니 너희에게 전하여 준 바 교훈의 본을 마음으로 순종하여"(롬 6:17).

"너희가 내 양이 아니므로 믿지 아니하는도다 내 양은 내 음성을 들으며 나는 그들을 알며 그들은 나를 따르느니라"(요 10:26, 27).

"땅의 모든 끝이여 내게로 돌이켜 구원을 받으라 나는 하나님이라 다른 이가 없느니라"(사 45:22).

―

신앙은 복음을 즐거이 받아들이는 것이며,
복음에 동의하는 것이고, 교리에 순종하는 것입니다.
다시 말해 그리스도께 나아오는 것,
그를 바라보고 문을 열어 그를 모셔 들이는 것입니다.
신앙은 와서 생명수를 받는 것,
그리스도의 피와 살을 먹고 마시는 것,
그리스도의 음성을 듣고 그를 따르는 것입니다.

Concerning Faith / 15

"하나님께 감사하리로다 너희가 본래 죄의 종이더니 너희에게 전하여 준 바 교훈의 본을 마음으로 순종하여 죄로부터 해방되어 의에게 종이 되었느니라"(롬 6:17, 18).

"그러나 관리 중에도 그를 믿는 자가 많되 바리새인들 때문에 드러나게 말하지 못하니 이는 출교를 당할까 두려워함이라"(요 12:42).

"(빌립이 그에게 '당신이 진심으로 믿는다면 받을 수 있습니다' 하자 그는 '예수 그리스도가 하나님의 아들이라는 것을 내가 믿습니다' 하고 말하였다)"(행 8:37, 현대인의성경).

―

신앙은 이해했다는 동의 이상입니다.
복음에 대한 순종이기 때문입니다.
신앙은 진심으로 그 교리에 순종하는 것입니다.
복음에 순종한다는 말은,
복음이 부르심을 통해 우리에게 제안하는 것에
마음을 굴복시킨다는 뜻입니다.
행 8:37(KJV)에서 빌립은 내시에게 온 마음으로 믿는지 물었습니다.
그러므로 신앙은 완전히 믿는 것, 완전히 확신하는 것입니다.

Concerning Faith / 16

"예수께서 또 말씀하여 이르시되 나는 세상의 빛이니 나를 따르는 자는 어둠에 다니지 아니하고 생명의 빛을 얻으리라"(요 8:12).

"우리 주의 은혜가 그리스도 예수 안에 있는 믿음과 사랑과 함께 넘치도록 풍성하였도다 미쁘다 완전히 받아들일 만한(worthy of all acceptation) 이 말이여 그리스도 예수께서 죄인을 구원하시려고 세상에 임하셨다 하였도다 죄인 중에 내가 괴수니라"(딤전 1:14, 15, KJV 참조).

—

참 신앙은 단순히 믿는 것을 넘어섭니다.
신앙은 복음을 받아들이는 것이며,
'완전히' 받아들이는 것입니다.

Concerning Faith / 17

"이와 같이 행함이 없는 믿음은 그 자체가 죽은 것이라 어떤 사람은 말하기를 너는 믿음이 있고 나는 행함이 있으니 행함이 없는 네 믿음을 내게 보이라 나는 행함으로 내 믿음을 네게 보이리라 하리라"(약 2:17, 18).

―

참되지 않아 구원을 주지 못하는 다른 신앙이 있습니다.
곧 야고보가 말한 행함이 없는 믿음으로,
이는 바른 신앙이 아닙니다.

Concerning Faith / 18

—

신앙은 예수 그리스도가 우리의 구주라는 계시를
온전히 붙들고 순응(acquiesce)하는 것입니다.
이것은 그 교리와 구주를 계시하신 분의
탁월하신 위엄과 충족성을 감지하는 데서 비롯됩니다.

하나님께서 계시자이시며,
그리스도 또한 계시자이십니다.
그리스도의 탁월성과 충족성에는
그분 자신의 탁월성,
그분께서 계시하신 구원의 탁월성,
구원을 수행하심에 있어 적합성,
그 구원 방식의 탁월성이 포함됩니다.
구원을 계시하신 분과 수행하신 분의 탁월성과 충족성을 근거로,
우리는 그분의 말씀이 진실함을 온전히 믿습니다.
구주와 그분께서 이루신 구원의 영광스러운 탁월성을 근거로,
우리 마음의 모든 바람은 그 계시에서 끝을 맺습니다.

Concerning Faith / 19

—

의롭다 하심을 얻는 신앙의 최선은
예수 그리스도가 우리의 구주라는 계시를
온전히 수용(embrace)하는 것입니다.
여기서 수용한다는 것은 '믿는 것'입니다.
영혼이 어떤 이야기나 계시를 수용할 때
첫째로 하는 행위가 믿는 것이기 때문입니다.
신앙은 예수 그리스도가 우리의 구주라는 계시를
온전히 지지하고 순응하는 것입니다.
그리고 예수 그리스도를 우리의 구주로 계시하신
하나님의 진리를 수용하고 의지하는 것입니다.
신앙은 온 영혼이 계시된 진리에 합의하고, 동의하며,
그 진리를 수용하는 것입니다.
생각과 마음을 그 계시에 온전히 굴복시키는 것입니다.
그 진리를 꼭 붙들고 믿음과 의지와 애정으로 고수하는 것입니다.
신앙은 완전한 신임과 존중으로
진리를 인정하고 받아들이는 것입니다.
신앙은 이 계시의 주인이신 분의 충분성과 위엄, 영광, 탁월성을
감지함으로써 그 계시에 온전히 순응하는 것입니다.
신앙은 이 진리에 대한 온 영혼의 동의와 찬성과 화답입니다.
그때 자신의 판단으로 진리를 반대하는 일이 모두 제거됩니다.

Concerning Faith / 20

약속을 소망하는 것에서 신앙을 시작할 수 없습니다.
약속에 대한 소망은 신앙의 핵심 행위를 뒤따르기 때문입니다.
신앙의 핵심 행위가 먼저 있은 후 그에 따르는 약속이 있습니다.
신앙의 핵심 행위는 의롭다 하심을 얻는 믿음으로 나타납니다.
곧 다른 모든 소망을 버리는 것입니다.
그분의 방식, 그분에 의한 구원으로 다른 소망을 끝낼 마음을 품고,
그분의 절대적이며 영광스러운 충족성과 자비를 감지하며
그분께 구원을 요청하는 것입니다.
약속에 대한 소망은 즉시 신앙의 핵심 행위를 뒤따를 수 있습니다.
그러나 신앙의 핵심 행위가 있기 전,
즉 다른 소망을 버리기 전에는
약속에 대한 소망의 토대가 존재할 수 없습니다.
만일 그리스도를 신뢰하는 것이,
그리스도를 신뢰하는 자에게 주어진 약속을 신뢰하는 것이라면,
그 약속을 조건으로 그리스도를 신뢰하라고 권고할 수 없습니다.
약속을 신뢰할 토대가 있기도 전에
약속을 신뢰하라고 권고하는 것이기 때문입니다.

이는 마치 그리스도의 약속을 먼저 의지하고,
그 약속에 대한 의지를 바탕으로
그리스도의 약속을 의지하라고 권하는 것과 같습니다.

Concerning Faith / 21

—

우리가 판단을 통해 진리를 붙들고 진리에 순응하는 것은,
진리를 계시하신 분의 영광과
이를 수행하신 분의 충분성과 탁월성을 감지하는 데서 비롯됩니다.
진리를 붙드는 것, 의지와 애정을 가지고 진리에 순응하는 것은,
진리와, 진리를 계시하신 분의 선하심과 탁월성에서 비롯됩니다.
적에게 쫓기는 사람이 자신을 보호하고자
어떤 왕에게 자신을 의탁한다면,
이것은 그가 다른 노력을 모두 중단한다는 의미입니다.
또한 그 왕 아래에 자신을 두고 그의 보호를 소망하는 것입니다.
신앙을 순전한 지적 행위,
다른 외적 행동이 배제된 영적 존재 사이의 행위라 여기는 사람은
그 지성으로 다른 모든 노력을 중단하고
자신의 구원을 위해 구주를 찾고 요청할 것입니다.
온전히 구주에 의한 구원만을 선택하고 자신을 구주께 드리거나,
구주께서 구원하시기를 바라며 기꺼이 그의 소유가 될 것입니다.
그러므로 구주이신 그리스도께 자신을 의탁하는 것은,
다른 모든 노력과 소망을 중단하는 것입니다.
구원을 위해 자신을 진심으로 그리스도께 부탁하고
온전히 그리스도에 의한 구원을 택하는 것입니다.

사명선언문

너희가 흠이 없고 순전하여······세상에서 그들 가운데 빛들로
나타내며 생명의 말씀을 밝혀 _ 빌 2:15-16

1. 생명을 담겠습니다
만드는 책에 주님 주신 생명을 담겠습니다.
그 책으로 복음을 선포하겠습니다.

2. 말씀을 밝히겠습니다
생명의 근본은 말씀입니다.
말씀을 밝혀 성도와 교회의 성장을 돕겠습니다.

3. 빛이 되겠습니다
시대와 영혼의 어두움을 밝혀 주님 앞으로 이끄는
빛이 되는 책을 만들겠습니다.

4. 순전히 행하겠습니다
책을 만들고 전하는 일과 경영하는 일에 부끄러움이 없는
정직함으로 행하겠습니다.

5. 끝까지 전파하겠습니다
모든 사람에게, 땅 끝까지, 주님 오시는 그날까지
복음을 전하는 사명을 다하겠습니다.

서점 안내

광화문점	서울시 종로구 새문안로 69 구세군회관 1층 02)737-2288 / 02)737-4623(F)
강남점	서울시 서초구 신반포로 177 반포쇼핑타운 3동 2층 02)595-1211 / 02)595-3549(F)
구로점	서울시 동작구 시흥대로 602, 3층 302호 02)858-8744 / 02)838-0653(F)
노원점	서울시 노원구 동일로 1366 삼봉빌딩 지하 1층 02)938-7979 / 02)3391-6169(F)
일산점	경기도 고양시 일산서구 중앙로 1391 레이크타운 지하 1층 031)916-8787 / 031)916-8788(F)
의정부점	경기도 의정부시 청사로47번길 12 성산타워 3층 031)845-0600 / 031)852-6930(F)
인터넷서점	www.lifebook.co.kr